Dedication

Opdracht

Ter nagedachtenis aan mijn geliefde moeder,
Sylvia (Zilla bas Davied) ע״ה
wiens geloof en toewijding mij blijven leiden.

Ter ere van mijn vader,
Benno (Binyamin Zev ben Rabbi Dovied Zwi) שליט״א die mij doorzettingsvermogen, Kracht Ben creativiteit heeft bijgebracht.,

Met diepe waardering en respect voor mijn leraar,
Rav Itsche Rosenbaum en rebbetzin Chanie Rosenbaum שליט״א,
een stralend voorbeeld van Tora en chesed — levend bewijs dat goedheid moet worden gedaan ongeacht de eigen situatie, anderen verheffend die hun pad kruisen.

Met dankbaarheid en achting voor Rav en mevrouw Nechemya Ort שליט״א, en alle voor hun bemoediging, inspiratie en daden van vriendelijkheid die blijven verheffen, allen die met mij leren: de chavrusa, de kameraadschap, en het samen ploegen door Shas. **En niet allemaal zijn in deze foto, maar jullie weten wie jullie zijn.**

Slotzegen:

Moge deze woorden van moessar en emuna een verhoging zijn voor de nesjamot van mijn voorouders, en een bron van zegen, gezondheid en licht voor degenen die hier bij leven worden geëerd.

COPYRIGHTPAGINA

Titel: *ONTDEKING VAN EMUNA*
Subtitel "Een boek om ons te helpen onze weg terug te vinden naar het volledig dienen van Hashem."
Auteur: Rabbi Dovied Zwi van der Velde
Uitgever: Home Safe Home Inc.

Copyright © 2025 door Rabbi Dovied Zwi van der Velde. Alle rechten voorbehouden. Deze publicatie wordt beschermd door Amerikaanse en internationale auteursrechtwetten. Geen enkel deel van dit boek mag worden gereproduceerd, opgeslagen in een gegevenssysteem, gedeeld, doorverkocht of overgedragen in welke vorm dan ook — elektronisch, mechanisch, door fotokopie, opname, scannen of anderszins — zonder voorafgaande schriftelijke toestemming en/of een betaalde licentie van de uitgever, behalve korte citaten in recensies die wettelijk zijn toegestaan.

Commercieel gebruik & licenties:
Voor verzoeken om print-, digitale, cursus-, vertaal-, audio-, performance-, klas- of uittrekselrechten, contacteer:
Rights & Permissions — Home Safe Home Inc.
72 Foxwood Rd, Lakewood, NJ 08701, USA
Tel: +1 (917) 681-5189 • Email: HomeSafeHome613@gmail.com

Antipiraterijverklaring:
Ongeoorloofd kopiëren, verspreiden of uploaden van dit werk (ook naar file-sharing sites) is illegaal en strikt verboden. Overtreders kunnen worden vervolgd in civielrechtelijke en strafrechtelijke procedures.

Bijbel- en citaatverwijzingen (indien van toepassing):
Bijbelcitaten zijn afkomstig uit [vertaling/editie], gebruikt met toestemming. Andere fragmenten van derden verschijnen met toestemming van de respectieve rechthebbenden.

Disclaimer:
Dit werk presenteert geloofsgerichte lessen en inspiratie. Illustratieve verhalen kunnen

aangepast of samengesteld zijn ter bescherming van de privacy; elke gelijkenis met echte personen of gebeurtenissen is toevallig, tenzij expliciet vermeld. De auteur en uitgever hebben alles gedaan om nauwkeurigheid te waarborgen; eventuele fouten of weglatingen zijn onbedoeld.

Merken:
Product- en bedrijfsnamen die hier genoemd worden zijn handelsmerken van hun respectieve eigenaars; gebruik dient enkel ter identificatie en impliceert geen goedkeuring.

ISBN (print): 979-8-9997650-2-4
ISBN (eBook): [Nader te bepalen]
Library of Congress Control Number: [Indien beschikbaar]

Cover design: D. Z. van der Velde
Interieurontwerp/zetwerk: Home Safe Home Inc.
Correctie: Vele geweldige mensen — dank aan jullie allemaal!

Gedrukt in de Verenigde Staten van Amerika.
10 9 8 7 6 5 4 3 2 1
Eerste editie: oktober 2025

Voor Wie Dit Boek Is

Deze sefer is bedoeld voor ouders wier harten vol liefde en vragen zijn — moeders en vaders die verlangen om terug te keren naar Hashem en hun volwassen kinderen met zich mee te nemen, niet door druk maar door aanwezigheid. Het is voor gezinnen die verschillende wegen hebben bewandeld en nu weer samen willen lopen; voor huizen waar geloof ooit vanzelfsprekend voelde en voor huizen waar geloof ingewikkeld werd; voor wie elke sjabbat hield en voor wie leert opnieuw één kaars aan te steken.

Het is voor de vader die zich afvraagt hoe hij kan spreken zonder te preken, voor de moeder die verlangt uit te nodigen zonder te dwingen, en voor de zoon of dochter die als volwassene gerespecteerd wil worden terwijl zij als kind worden verwelkomd. Het is voor grootouders die dromen om kleine handen te zegenen, voor pasgetrouwden die werk en mitswot balanceren, en voor iedereen die woorden nodig heeft die helen in plaats van winnen.

Hier vindt u bronnen uit Chazal, duidelijke richtlijnen voor gesprekken uit het echte leven, kleine praktijken waarmee u vandaag kunt beginnen, en verhalen die de waardigheid van elke ziel eren. Als u bereid bent om vertrouwen opnieuw op te bouwen — met Hashem, met uzelf en met elkaar — mogen deze pagina's een zachte metgezel zijn op de weg naar huis. Moge de Ribono Shel Olam u op elke stap tegemoetkomen.

Inhoudsopgave

1. **De toespraak die niet werd uitgesproken**.................................. 8
2. Het telefoontje om middernacht 12
3. De rit naar Monsey 16
4. Het contract dat ongetekend bleef 20
5. De schutting die verdween 24
6. Het examen dat Hem definieerde 28
7. De gebroken kruik: Dankbaarheid in verlies .... (הכרת הטוב) 33
8. De rabbi en de dief: Geduld dat transformeert ...... (סבלנות) 40
9. De kaars van vergeving: Licht in de duisternis ..... (מחילה) 44
10. De markt dag in Kraukau 47
11. Het gewicht van één woord: De kracht van de tong (שמירת הלשון) 51
12. De verloren beurs: Eerlijkheid voorbij de beproeving .... (יֹשֶׁר) 55
13. De jas op de weg: Chesed zonder maat 60 .... (חסד) 59
14. De gebroken stoel: Nederigheid in eer .... (ענוה) 63
15. Het brood van de weduwe: Dankbaarheid in armoede 66
16. De lege stoel: Mededogen boven woede .... (רחמים) 68
17. De vergeten schuld: Het gewicht van integriteit ..(ניקיון כפיים) 71
18. De regen die niet kwam: Geloof in het droge seizoen .. (אמונה) 75
19. De kaars in de storm: Vasthouden aan geloof .... (אמונה) 81
20. De handen van de arts: Emuná in ziekte (אמונה בחולי) 85
21. De lege wieg: Emuná door tranen .... (אמונה) 88
22. De weg naar nergens: Emuná in ballingschap (אמונה בגלות) 91
23. De psalm van de soldaat: Emuná in gevaar (אמונה בסכנה) 94

24. De Lone Soldier – Het offer van Arrelle 97

25. In six days the world changed forever 100

26. De Jom Kippoer-oorlog 114

27. De brug van geloof: Emuna bij de oversteek .... (אמונה במעבר)   130

28. De laatste munt: Emuná in het levensonderhoud (אמונה בפרנסה) 135

29. De yesiva in Crisis.   138

30. De check die niet stuiterde!   142

31. Het Lied in de Ziekenhuiskamer   146

32. De Gesloten Winkel: Geloof en Sjabbos   149

33. **Information over de Schrijver.**   152

De toespraak die niet werd uitgesproken

"Het gevolg van nederigheid is ontzag voor de Eeuwige, rijkdom, eer en leven." (Spreuken 22:4)

Toen de bouw van de nieuwe synagoge aan Cedarstraat voltooid was, besloot de gemeenschap een feestelijke inwijding te houden. De deuren van de heilige ark glansden van de notenlak, en de letters *Sjema Jisraël* schitterden in glanzend koper. Opklapstoelen stonden keurig in rechte rijen opgesteld, en in de lucht zweefde reeds de geur van de kugel die in de feestzaal stond te wachten.

Bijna een volle maand hadden de leden van het comité gedebatteerd over de vraag wie als eerste zou spreken. Uiteindelijk kwam men overeen: rabbi Meïr zou het woord nemen – de man die de hele verantwoordelijkheid op zich had gedragen, die de fondsenwerving had geleid, toezicht had gehouden op de bouw, en iedere storm onderweg wist te bedaren.

Hij had zijn woorden zorgvuldig voorbereid: hoe een synagoge meer is dan stenen, hoe elke gift een bouwsteen in de eeuwigheid vormt, en hoe de *Sjechina* werkelijk hier zou komen wonen. Tussen zijn aantekeningen had hij een vers uit Tehillim en verhalen van zijn leermeester verweven.

Op de ochtend van de inwijding zette hij zijn beste hoed op, kuste zijn kinderen, en begaf zich naar Cedarstraat. Buren begroetten hem met een glimlach: "Rabbi, vandaag is úw dag!" Elk woord legde een extra steentje op de stapel trots in zijn hart. Hij suste zichzelf: misschien is dit helemaal geen zonde – tenslotte had hij jarenlang gezwoegd om dit huis te bouwen.

De teleurstelling

Enkele ogenblikken voor de aanvang van de plechtigheid boog de voorzitter zich naar hem toe en fluisterde:
 "Rabbi Meïr, wij dachten dat het gepast zou zijn als de burgemeester het eerste woord voert – tot eer van de stad, een beetje politiek respect. Slechts vijf minuten."

Rabbi Meïr knikte, maar iets scherps stak in zijn hart. De burgemeester? Iemand die nauwelijks ooit in de synagoge verschijnt, behalve wanneer de camera's flitsen? Hem plaatsen vóór woorden van Thora en dank aan de Meester van de wereld?

Hij stelde zichzelf gerust: het zijn maar vijf minuten.

Maar de burgemeester sprak twintig minuten. Over "gemeenschapscentra", "samenwerkingsverbanden" en zelfs over "vastgoedwaarde". Het publiek klapte beleefd. Rabbi Meïr voelde een steen drukken op zijn borst.

Daarna kwam de voorzitter opnieuw naar voren:
 "En nu, vóór onze dierbare rabbi zal spreken, nodigen wij onze geliefde weldoener, de heer Levin, uit, wiens vrijgevigheid dit huis mogelijk maakte."

Daverend applaus. De heer Levin, groot en zelfverzekerd, besteeg het podium. Hij sprak over erfgoed, over familie, over bouwen voor komende generaties. Hij vertelde anekdotes over aannemers en maakte grappen die uitstekend vielen. De zaal schaterde van het lachen.

Toen hij eindelijk was uitgesproken, gonsde de ruimte van energie. De voorzitter boog zich naar rabbi Meïr:
 "Het spijt me – de tijd is op vóór Mincha. U zult spreken na het gebed, tijdens de maaltijd."

De keuze

De rabbi bleef zitten, zijn toespraak opgevouwen in zijn zak, zijn hart bonzend. Hij had kunnen doorbreken. Hij had kunnen opstaan en helder zeggen: "Een ogenblik – vóór Mincha moet er Thora gesproken worden." Waarschijnlijk zou niemand hem hebben tegengehouden.

Maar toen viel zijn blik op iets anders.

Op de achterste rij zat een jongen van ongeveer twaalf jaar, zijn ogen wijd open, zijn handen gevouwen. Zijn lippen bewogen zachtjes, alsof hij iets herhaalde. Toen riep de voorzitter zijn naam: "Moshe'le, ga voor in *Ashrei*."

De jongen stond op, bevend, en leidde voor de allereerste keer in zijn leven de gemeente in gebed. Zijn stem brak één keer, werd toen sterker, en de zaal vulde zich met een onschuldige melodie. Mensen moedigden hem aan. Zijn vader huilde van vreugde.

En rabbi Meïr begreep.

Dit podium was niet het zijne. De eer behoort aan de Eeuwige. En op deze dag kwam die eer tot uitdrukking doordat een kind voor het eerst *Ashrei* leidde.

Hij liet de gedachte bezinken. Hij bleef stil, beantwoordde de gebeden met volle concentratie. Zijn toespraak bleef in zijn zak, als een brief die men besluit niet te verzenden.

Daarna

Tijdens de maaltijd vroeg iemand hem toch enkele woorden te spreken. Rabbi Meïr stond op en sprak kort:

"Vrienden, wij hebben muren gebouwd, maar het zijn jullie gebeden die dit tot een woning voor de Sjechina zullen maken. Vandaag, toen de jonge jongen voor mocht gaan in *Ashrei*, geloofde ik dat de fundamenten van dit huis van gebed werkelijk verankerd zijn."

Er viel een stilte, dieper dan applaus. En in die stilte voelde de rabbi iets wat hoger was dan eer. Hij voelde vrijheid.

De les

Soms komt de grootste eer niet voort uit het betreden van het podium, maar uit een stap terug doen en anderen laten stralen. Onze wijzen leren: *"Wie vlucht voor de eer, de eer achtervolgt hem."*

Die avond keerde rabbi Meïr huiswaarts zonder ooit zijn toespraak te hebben uitgesproken—

maar met een hart vol vrede.

Het telefoontje om middernacht

"קדושים תהיו כי קדוש אני ה' אלוקיכם."
"Jullie zullen heilig zijn, want heilig ben Ik, Hashem, jullie God." (Wajikra 19:2)

De stilte vóór de storm

Yonatan was eenendertig en werkte tot diep in de nacht als accountant in Manhattan. Voor zijn collega's was hij de betrouwbare man, vlug met cijfers, maar altijd stil in vergaderingen. Wat zij niet wisten, was de leegte die hem overspoelde zodra het kantoor verstomde en de stad buiten lonkte met haar glinsterende beloftes van neongekleurd genot.

Hij nam de laatste trein naar Flatbush, terug naar een klein appartement dat hem altijd trouw opwachtte: planken zwaar beladen met de *sefarim* van zijn jesjivajaren, een warmhoudplaat met restjes cholent, en een stilte die soms meer woog dan steen.

De verleiding

Die avond, kort voor middernacht, trilde de telefoon. Het nummer was hem bekend: een oude studievriend, ooit een zoon van de Tora, nu ver weggedreven.

"Yoni, ik ben vanavond in Brooklyn. Zullen we elkaar zien? Er is een bar, niets bijzonders."

Yonatan aarzelde. Hij had een geplande jabruta-gesprek, maar zijn hart was moe. De uitnodiging raakte een plek in hem die hij zelden durfde aanraken: het verlangen om gewenst te zijn, om één avond lang zorgeloos te vergeten wie hij moest zijn.

De strijd

Hij bleef staren naar de telefoon. In zijn gedachten klonken de woorden van de wijzen: "*אין אפוטרופוס לעריות*" — niemand is immuun voor verleiding. En de stem van zijn rebbe, jaren geleden: "Verlangen wordt niet gedoofd door het te ontkennen, maar door het vuur een andere richting te geven."

Hij haalde ijs uit de vriezer, ging zitten op de bank, lepel in de hand, en probeerde de eenzaamheid weg te slikken met suiker. Maar de *jetser hara* fluisterde sluw in zijn oor: "Waarom moet jij altijd de sterke zijn? Wie zou het ooit weten als je één keer struikelde?"

Weer trilde de telefoon. Ditmaal een bericht:
"Het is al jaren. Laten we bijpraten. Ik sta over twintig minuten voor je deur."

Zijn borst werd zwaar. Hij liep naar het raam — en ja, aan het einde van de straat stond een auto, van binnen klonk gedempte muziek.

Het keerpunt

Hij dacht aan zijn jongere broer, nog in de jesjiva, die hem soms appte in de nacht: "Hoe hou jij het vol, Yoni?" Hij dacht aan zijn ouders, die hem bij simches met trots voorstelden: "Onze Yonatan, hij werkt in de stad maar blijft een *ben Tora*."

En hij dacht aan zichzelf — niet de vermoeide, eenzame man op de bank, maar de jongen die ooit bij dageraad zijn voorhoofd tegen de Kotel drukte en fluisterde: "Hashem, laat mij de Uwe zijn."

Hij legde de lepel neer. Zijn handen trilden toen hij de telefoon oppakte en typte:
"Ik kan vanavond niet. Ik ben met iets belangrijks bezig. Ik wens je het beste."

Hij drukte op verzenden, snel, vóór de moed zou wegglippen.

Buiten bleef de auto nog even stationair draaien. Toen reed hij weg. De muziek doofde in de nacht.

De nasleep

Het appartement werd ondraaglijk stil. Yonatan liep rusteloos heen en weer, zijn hart bonzend tussen opluchting en verdriet — opluchting om de overwinning, verdriet om de prijs van eenzaamheid.

En toen klonk er een vertrouwd geluid: de laptop. Zijn jabruta, bellend vanuit Jeruzalem.

"Yoni! Nog wakker? Laten we samen een sugya in Kiddoesjin leren."

Hij ging zitten, sloeg de Gemara open. Toen de vertrouwde letters zijn ogen vulden, stroomde er warmte in zijn hart. De stilte was niet langer leeg; ze droeg nu woorden die tot in eeuwigheid zouden blijven klinken.

Later die nacht, voor hij de ogen sloot, fluisterde hij:

"קדושים תהיו כי קדוש אני."

En voor het eerst in lange weken geloofde hij het — over zichzelf.

De les

Zelfbeheersing schittert niet. Zij laat geen getuigen achter, geen applaus. Maar in de verborgen kamers van de ziel schrijft zij de grootste hoofdstukken.

Chazal leren: *"Elke dag staat de neiging van de mens tegen hem op… en als de Heilige, gezegend zij Hij, hem niet hielp, zou hij haar niet kunnen overwinnen."* (Berachot 5a)

Die middernacht vond Yonatan die hulp. Niet in vuurwerk of triomf, maar in een fluisterende keuze — de moed om "nee" te zeggen wanneer niemand toekeek.

De Rit naar Monsey

"עוֹלָם חֶסֶד יִבָּנֶה."

"De wereld wordt op chesed gebouwd." (Tehillim 89:3)

De Voorbereiding

Het was Erev Sjabbes in Lakewood, laat in de herfst. De straten waren verstikt door drukte; claxons loeiden als ongeduldige sjofars, en de verkeerslichten knipperden vruchteloos boven een zee van haastige auto's.

Motti Cohen, moe van een werkweek vol verplichtingen, schoof de laatste bagage in de minivan. Zijn vrouw had zorgvuldig schalen met kugel in folie verpakt, kleding in keurige stapels opgeborgen. Vijf kinderen kronkelden in hun autostoeltjes, hun stemmen een koor van onrust. De bestemming was Monsey, waar zijn ouders wachtten. Het was maanden geleden dat ze er voor het laatst waren geweest. Zijn moeder had hem herhaaldelijk herinnerd: *"Tatty mist de kinderen. Kom alsjeblieft."*

Hij verlangde ernaar om vroeg aan te komen, de tassen neer te zetten, en opnieuw de geur van zijn moeders challe te inhaleren — de geur van rust en geborgenheid.

Toen, bij het indraaien van Route 9, zag hij hem: een man op de hoek. Van middelbare leeftijd, een zwarte hoed scheef op het hoofd, een kleine koffer stevig in de hand geklemd. Zijn ogen volgden de passerende auto's, het gezicht getekend door de stille smeekbede van iemand die in stilte bad om een wonderlijke lift.

Motti wierp een blik op de klok: 14:17 uur. Zonsondergang was om 16:29. Met het verkeer dat al vastliep, telde elke minuut.

Zijn vrouw merkte het ook.
 "Niet stoppen, Motti. We komen te laat."

Zijn handen klemden zich strakker om het stuur.
 "Hij ziet er gestrand uit."

"We hebben de kinderen bij ons. Het eten kan bederven. Je hebt mijn ouders beloofd op tijd te komen."

De man hief zijn hand op toen de minivan naderde — een gebaar half wanhoop, half gebed.

De Innerlijke Strijd

Motti's voet zweefde tussen gas en rem. Een stem fluisterde in hem: *"Een ander zal hem wel meenemen. Jij hebt je deel al gedaan deze week — je gaf tsedaka, je werkte hard. Waag de heiligheid van Sjabbes niet voor een vreemde."*

Maar een andere stem weerklonk, krachtiger: *"En wat als er geen ander komt? Wat als jij de sjaliach bent? Wat als de Ribbono Sjel Olam dit moment precies voor jou heeft geschreven?"*

Hij keek naar de kinderen, al onrustig en verveeld. Hij dacht aan de lange rit, aan de spanning van te laat arriveren. En toen hoorde hij de stem van zijn vader in herinnering: *"De maat van een Jood is niet wat hij weet, maar hoe hij omgaat met de mens die Hashem op zijn pad plaatst."*

Hij trapte op de rem. De wagen rolde langzaam naar de stoep.

Het Keerpunt

De man boog naar het raam, zijn adem wolkte in de koude lucht. "Ik moet naar Monsey voor Sjabbes. Mijn bus is geannuleerd. Zou u...?"

Motti's hart sloeg een slag over. Monsey. Precies dezelfde bestemming. Het was alsof de hemel zelf het scenario had bedacht.

"Natuurlijk," zei Motti, tot zijn eigen verbazing. "Stap in."

De man wrong zich tussen de autostoeltjes achterin, mompelde *"Tizkeh lemitzvot"* en sloot zijn ogen in een zucht van verlichting.

Het verkeer verdichtte zich bij de Parkway. De kinderen begonnen te kronkelen, hun protestjes klein en vermoeiend. Zijn vrouw bleef stil; misschien teleurgesteld, maar niet verwijtend. Na enige tijd begon de vreemdeling zacht te spreken. Hij vertelde dat hij een melamed was, op weg naar Monsey om zijn zieke, oude moeder te bezoeken. Zijn stem brak toen hij haar naam uitsprak.

De stilte in de wagen verdiepte zich. Zelfs de kinderen leken de zwaarte van zijn reis te voelen.

De Nasleep

Ze bereikten Monsey net voor het aansteken van de kaarsen. De man drong erop aan Motti geld voor benzine te geven. Motti weigerde. In plaats daarvan begeleidde hij hem tot aan de deur van een kleine woning, waar de mezuzah glansde van talloze kussen. Het gezicht van de oude vrouw lichtte op bij het zien van haar zoon.

Toen Motti terugliep naar de wagen, voelde hij iets onverwachts. Ja, hij was moe. Ja, ze waren slechts minuten verwijderd van Sjabbes. Maar van binnen voelde hij zich lichter, alsof de wagen niet slechts een extra passagier had gedragen, maar de Sjechina zelf.

Bij zijn ouders thuis omhelsde zijn vader hem hartelijk. Toen Motti het verhaal vertelde, zei zijn vader eenvoudig:
 "Je hebt geen tijd verloren. Je hebt eeuwigheid gekocht."

Overpeinzing

Chesed vraagt vaak offers — tijd, comfort, gemak. Het ego fluistert: *"Niet nu, misschien later."* Maar chesed nú is het fundament waarop de wereld rust. Soms is één daad van zelfverloochening niet alleen de redding van andermans Sjabbes, maar ook de bekroning van de jouwe.

Brontekst

Hebreeuws:
"עוֹלָם חֶסֶד יִבָּנֶה." (Tehillim 89:3)

Vertaling:
"De wereld wordt op chesed gebouwd." (Tehillim 89:3)

Het contract dat ongetekend bleef

"איזהו עשיר? השמח בחלקו."
"Wie is rijk? Hij die zich verheugt in zijn deel." (Pirkei Avot 4:1)

De setting

Het late namiddaglicht viel als vloeibaar goud door de glazen wanden van een kantoortoren in Lower Manhattan. De stad glinsterde daarbuiten, bruisend en onverschillig, terwijl binnen in de stilte van een hoekkamer één document lag als een belofte — of als een valstrik.

Avi Rosen zat gebogen over de lange, glanzende tafel van mahoniehout. Voor hem lag het contract: rijen getallen die lonkten als juwelen, kolommen die voorspiegelden dat zijn schulden konden verdampen, dat de zorgen over schoolgeld, hypotheek en boodschappengeld in één handtekening opgelost konden worden.

Aan de overzijde van de tafel zat de andere man, zijn pak onberispelijk, zijn manchetknopen flonkerend in het zonlicht. Zijn glimlach was berekend, zelfverzekerd, als die van iemand die gewend is dat er altijd wordt toegehapt. "Het is eenvoudig, Avi. Jij zorgt voor de aanvoer, ik regel de distributie. De winst halveren we. Niets ingewikkelds."

Het klonk zo verleidelijk eenvoudig. Zo verleidelijk gevaarlijk.

Het innerlijk gevecht

Avi voelde hoe zijn maag zich samenkneep. Hij kende deze man. Niet van de sjoel, niet van eerlijke kringen. Zijn naam cirkelde rond in gefluister: zendingen die nooit helemaal zuiver waren, facturen die niet strookten met de werkelijkheid, ladingen die door de douane gleden met een zweem van rook. Niets ooit bewezen, niets zwart op wit — maar de geur van verbrand hout bleef hangen.

Zijn gedachten tolden. *Denk aan de opluchting,* fluisterde een stem. *Denk aan Rivky's glimlach wanneer de rekeningen verdwijnen. Denk aan de kinderen, verlost van zorgen.*

Maar een andere stem, harder en donkerder, antwoordde: *Geld dat binnendringt met schaduw, werpt diezelfde schaduw over je huis. Wat je wint aan papier, verlies je in vrede.*

Hij hoorde de stem van zijn rebbe, alsof deze naast hem zat: "Een overeenkomst die je shalom of je eerlijkheid kost, is geen winst, maar gif."

De man schoof het contract naar hem toe, zijn glimlach scherper nu. "Teken vandaag. De eerste levering maandag. Niet te veel nadenken. Iedereen doet het zo."

Avi's hand zweefde boven de pen. Zijn adem stokte. Buiten glansde de skyline alsof ook zij toekeek, wachtend op zijn beslissing.

Het kantelpunt

Toen verscheen voor zijn geestesoog een ander beeld: zijn huis in stilte, de kinderen slapend, hun gezichten zacht en onschuldig. Hij stelde zich voor hoe hij hun kamers binnenstapte, wetend dat het brood op tafel gekocht was met geld dat besmet was. Kon hij hen dan nog aankijken en fluisteren: *"Abba deed dit voor jullie"*?

Zijn vingers beefden. De pen gleed bijna tussen zijn handen. En toen, met een traag en vastberaden gebaar, legde hij hem neer.

"Ik kan niet," zei hij. De woorden klonken in de kamer als stenen die in diep water vallen.

De glimlach van de ander verstijfde, brak in kilte.
 "Je zult dit berouwen. Niemand weigert een aanbod als dit."

Avi stond op. Zijn knieën trilden, maar zijn stem bleef helder.
 "Misschien. Maar ik betreur liever het verlies van geld dan het verlies van mezelf."

Hij liep de kamer uit. Zijn hart bonsde. Zijn zakken waren leeg — maar zijn ziel was onaangetast.

De nasleep

De weken daarna waren zwaar. Het geld bleef krap, soms ondraaglijk. Avi nam bijbanen aan, leverde bestellingen zelf af, sjouwde tot laat in de nacht. Thuis zaten hij en Rivky gebogen over het huishoudboekje, iedere uitgave afwegend, elke luxe schrapt. En toch heerste er iets nieuws in huis: stilte zonder spanning, gelach aan tafel, warmte tussen man en vrouw.

En toen, maanden later, gebeurde het onverwachte. Een grote, gerespecteerde distributeur zocht hem op. "Uw naam bereikte mij met één enkel woord eraan verbonden: eerlijkheid. Met zulke mensen doen wij zaken."

De orders kwamen, niet als een plotselinge storm van rijkdom, maar als een gestage regen van zuivere groei. Elke levering, elke betaling, was een steen in een fundament van integriteit.

Op een avond, terwijl hij zijn jongste kind instopte, vroeg het zachtjes: "Abba, zijn wij rijk?"

Avi glimlachte, zijn ogen warm.
"Ja, baruch Hashem. Wij hebben alles wat wij nodig hebben."

En daar, in de stilte van de kinderkamer, voelde hij de waarheid van de oude spreuk: rijkdom is geen getal op papier, maar het vermogen om *satisfied, sameach b'chelko* te zijn.

Overdenking

Hebzucht fluistert: *Nog meer, en alles komt goed.*
Tevredenheid antwoordt: *Wat je hebt is al een zegen.*

Ware rijkdom is geen stapel munten of een saldo in cijfers, maar de vrijheid van een zuiver geweten, de kracht om in de ogen van je kinderen te kijken zonder schaamte, en de rust om tegenover de Eeuwige te staan zonder angst.

Het contract bleef ongetekend. Het fortuin glipte hem door de vingers. Maar in plaats daarvan hield hij iets vaster vast: zijn eigen ziel.

De schutting die verdween

"בקש שלום ורדפהו."
"Zoek de vrede en jaag die na." (Tehilliem 34:15)

Het begin

In een stille straat van Passaic stonden al meer dan twintig jaar twee huizen zij aan zij, verbonden door een onzichtbaar weefsel van burenfatsoen en alledaagse gewoonten.

In het eerste huis woonde de heer Friedman, een gepensioneerde rebbe, die zijn dagen vulde met het geduldig verzorgen van een smalle strook rozen langs de grens van zijn erf. Elke knop leek door zijn handen gewijd, elke druppel water een kleine gebedsspreuk.

Naast hem woonde de familie Adler. Jonger, welvarender, bruisend van leven. Recent had Adler zijn achtertuin laten vernieuwen: een fris houten terras, een fonkelende schommel voor zijn kinderen en – als kroon op het werk – een hoge houten schutting, die niet alleen privacy bood, maar ook het gevoel van een heroverde ruimte.

Aanvankelijk ontging Friedman het subtiele verschil. Maar op een namiddag, terwijl hij zijn rozen terugsnoeide, zag zijn oog de oude grenspaal in de hoek. En ineens werd de waarheid duidelijk: de nieuwe schutting was naar binnen geschoven. Zijn land – onopgemerkt maar onmiskenbaar – was ingenomen.

Zijn borst trok samen.

De strijd in het hart

Zijn kinderen, zodra ze ervan hoorden, waren fel.
 — *"Tatty, je mag dit niet laten gebeuren. Roep een landmeter in, breng het voor bij een beit din. Waarom zou jij verliezen wat jou rechtmatig toebehoort?"*

Hun woorden wakkeren het vuur aan dat al in hem brandde. Het ging niet enkel om een paar centimeters grond. Het ging om jaren van zorg, van trouw aan een erf dat hem was toevertrouwd. Het ging om het principe.

Die Sjabbat vond Friedman geen rust. Terwijl de gemeenschap bad, bleven zijn gedachten zich verstrikken in toekomstdromen van twist: scherp geformuleerde woorden, bewijzen op tafel, triomf voor allen zichtbaar. Hij zag de schutting vallen, zijn rozen zich opnieuw uitstrekken, vrij en onbelemmerd.

Maar toen hij bij *Oseh Shalom* kwam, boorden de woorden zich diep in hem: **"Hij die vrede maakt in Zijn hemel, moge Hij vrede maken voor ons."** En een stem in zijn binnenste fluisterde: *De vrede wordt niet gebouwd in rechtszalen; hij groeit zoals rozen groeien – gevoed door nederigheid en geduld.*

Hij herinnerde zich een uitspraak van de wijzen: *"Wie toegeeft omwille van vrede, wordt verheven boven de strijd."*
 En hij hoorde opnieuw het stemgeluid van zijn oude rebbe: *"Soms is het stuk*

grond dat je prijsgeeft hier, de grond waarop jouw deel in de eeuwigheid wordt gebouwd."

Maar kon hij werkelijk zo sterk zijn?

De confrontatie

Op zondagmiddag klopte Friedman op Adlers deur. Zijn hart bonsde als een ramshoorn, maar zijn gezicht bleef beheerst.

Adler opende. Zijn lichaamshouding gespannen, zijn ogen waakzaam – klaar voor een gevecht.

Wat hij zag, echter, was niet boosheid. Het was een glimlach, oud maar zacht, op het gezicht van zijn buurman.

— "Ik merkte," zei Friedman rustig, "dat de schutting iets over de grens staat. Misschien is het formeel mijn grond. Maar luister: als het jouw kinderen meer veiligheid geeft, laat het dan zo. Ik heb ruimte genoeg voor mijn rozen."

Adler verstarde, ongeloof in zijn blik.
— "Bent u... serieus? U gaat niet naar een rav? U gaat geen zaak beginnen?"

Friedman schudde zijn hoofd.
— "Liever blijf ik uw buurman in vrede dan uw tegenstander in strijd. Ik wil dat onze kinderen elkaar groeten met een 'Sjabbat Sjalom', niet dat ze elkaar ontwijken."

Een blos van schaamte trok over Adlers gezicht. Zijn stem brak.
— "Reb Friedman... het was nooit mijn bedoeling u te benadelen. De aannemer heeft de kaart verkeerd gelezen. Ik zal de schutting morgen laten terugplaatsen."

Maar Friedman hief zijn hand op.
— "Dat hoeft niet. Laat het zo. Wat telt is de sjalom."

De oogst van vrede

Een week later stond Adler opnieuw voor Friedmans deur. Zijn kinderen hielden een schaal met cake vast.
— "Voor Sjabbat," zei hij onhandig. "En… dank u."

De maanden gingen voorbij, en de twee gezinnen raakten langzaam verweven. Kinderen speelden samen, ballen vlogen moeiteloos over de schutting heen. Zelfs Friedmans rozen leunden nu zacht tegen het hout, alsof ze de grens zegenend omhelsden.

Jaren later, toen Reb Friedman stierf, stond Adler bij zijn levaja, tranen langs zijn wangen. Tegen zijn zonen fluisterde hij:
— "Hij leerde mij wat vrede werkelijk betekent. Hij liet mij zien dat het verliezen van een stukje grond niets is, vergeleken met het winnen van een buurman."

Overdenking

Tegenstellingen verkleinen de wereld. Vrede vergroot haar. Soms wordt ware vrede niet geboren uit compromissen, maar uit volledige overgave – uit het loslaten van wat 'mijn recht' is, om te grijpen naar wat voor eeuwig juist blijft.

Bron:
"בקש שלום ורדפהו." (Tehilliem 34:15)
 "Zoek de vrede en jaag die na."

Het Examen dat Hem Definieerde

"שפת שקר תועבת ה'."
"Valslippen zijn een gruwel voor Hashem." (Mishlei 12:22)

De Aanloop

De bibliotheek van de City University leek in die laatste week van de tentamens minder op een huis van studie dan op een slagveld. Potloden tikten nerveus als metronomen van angst, toetsenborden rammelden als een hagelbui van haastige gedachten, en de geur van overgetrokken koffie hing in de lucht als een dichte mist.

Aan een tafel, verscholen achter een toren van grafieken, dictaten en vergeelde aantekeningen, zat David Stein. Zijn overhemdkraag stond open, zijn ogen waren omrand door wallen die weken van te weinig slaap verraadden, en zijn handen drukten tegen zijn slapen alsof hij de formules in zijn hoofd wilde branden door pure wilskracht. Morgen wachtte hem het examen economie, het examen dat zijn beurs zou bepalen.

Zonder een voldoende zou alles wegglippen. Geen geld voor het collegegeld, geen boeken, geen toekomst. Zijn vrouw — hoogzwanger — had hem die ochtend voorzichtig gevraagd of ze de ziekenhuisrekening zouden kunnen betalen. Hij had haar geruststellend toegelachen, maar die glimlach was een fragiel masker geweest dat het innerlijke beven niet verhulde.

Toen trilde plotseling zijn telefoon. Een bericht, helder op het scherm:

"Ik heb de examenvragen. Kreeg ze van iemand in de administratie. Wil je ze hebben?"

Davids hart sloeg over. De woorden waren achteloos, maar voor hem klonken ze als trompetgeschal. Hij had gestudeerd, zeker. Maar hij kende deze professor: onverbiddelijk, meedogenloos, bekend om zijn vragen die elke illusie van voorbereiding aan flarden scheurden.

Dit leek geen verleiding, maar redding. De glimlach van zijn vrouw, de goedkeurende blik van zijn vader, de zekerheid van een toekomst — alles scheen besloten in één antwoord: *ja*.

De Strijd

Hij sloot zijn ogen. En de stemmen begonnen.

"Het is niet echt spieken," fluisterde de ene stem. *"Iedereen doet dit. Het systeem is oneerlijk. Jij vecht al jaren tegen de stroom in. Waarom zou je dit aanbod niet aannemen?"*

Maar daartegenover stond een tweede stem, minder luid maar zwaarder van gewicht: *"Emet — waarheid — is niet optioneel. Het is je kern. Verkoop je het nu, dan bouw je de rest van je leven op zand."*

Hij herinnerde zich een passage uit de Gemara: *"Waarheid is het zegel van de Eeuwige."* Wat betekende het om dat zegel eigenhandig uit te wissen, om zich te verbinden met sheker — de leugen?

En toch knaagde de angst. Hij zag in zijn gedachten de rekeningen opstapelen, zijn vrouw wiegend met een pasgeborene in haar armen, en hoorde de stem van zijn vader: *"Als je die beurs verliest, hoe wil je het dan rooien?"*

De telefoon trilde opnieuw.

"Nou? Wil je ze of niet?"

Het Keerpunt

David staarde naar het scherm. Zijn duim zweefde boven het toetsenbord. Eén druk en de last zou verdwijnen.

Maar voor zijn geestesoog verscheen een ander beeld: de slapende gezichten van zijn toekomstige kinderen. Zou hij hen ooit recht in de ogen kunnen kijken als het brood op tafel bevochten was met bedrog?

Zijn handen beefden, maar zijn besluit verharde. Letter voor letter typte hij, alsof hij woorden in steen kerfde:

"Nee bedankt. Ik maak het examen eerlijk."

Hij drukte op verzenden, haastig, vóór de moed kon wegglippen.

Het antwoord kwam ogenblikkelijk: *"Zoals je wilt. Zeg straks niet dat ik je niet heb gewaarschuwd."*

David legde de telefoon neer. Hij voelde zich leeggeput, maar ook wonderlijk lichter — alsof hij een zak vol valse munten had weggegooid en voor het eerst vrij kon ademhalen. Hij boog zich opnieuw over zijn aantekeningen en fluisterde een tefillah:

"Hashem, laat mij slagen met eerlijkheid — of helemaal niet."

Het Examen

De volgende ochtend. De examenzaal was een hol van kille tl-verlichting. Studenten kwamen binnen met grauwe gezichten, ieder gebukt onder zijn eigen stille paniek. De professor, strak in pak en streng van blik, deelde de dikke boekjes uit als een rechter die vonnissen opleest.

David sloeg zijn exemplaar open. Zijn hart kromp. De vragen kronkelden en wrongen zich in onverwachte richtingen. Rondom hem klonken pennen die driftig over papier gleden. Sommigen schreven opvallend kalm — te kalm.

Hij slikte en begon. Hij schreef, kraste door, begon opnieuw. Minuten vloeiden weg als zand door vingers. Tegen het einde was zijn blad volgekliederd, zijn handen zweterig, zijn hoofd bonzend. Toen hij het werk inleverde, voelde hij zich niet als een overwinnaar maar als een soldaat die het slagveld verlaat zonder te weten of de strijd gewonnen is.

De Nasleep

Twee weken later. De cijfers werden bekendgemaakt. David klikte met bonzend hart. **B+.** Geen triomf, geen glorie. Maar genoeg. De beurs bleef.

De ware beloning kwam echter pas maanden later. Na een college wenkte de professor hem naar voren. Zijn ogen, scherp als messen, priemden in hem.

"Stein," zei hij kort. "Ik weet wie er vals heeft gespeeld. Velen. Jij niet. Dat weegt voor mij zwaarder dan cijfers. Heb je ooit aan een masteropleiding gedacht? Ik zou je aanbevelen."

David verliet het gebouw verdwaasd, de wereld plotseling lichter. Hij had bijna zijn ziel verkocht voor een paar punten. En nu had juist de keuze voor waarheid deuren geopend die geen enkel bedrog had kunnen ontsluiten.

Reflectie

Sheker fluistert: *"Neem, grijp, alles wordt gemakkelijker."* Maar zijn winst is zuur en kortstondig. Emet daarentegen lijkt duur, soms pijnlijk, maar het bouwt een fundament dat stormen trotseert.

Zoals Chazal leren: *"De wereld rust op drie dingen: op rechtspraak, op waarheid en op vrede."* (Avot 1:18)

Dat ene examen heeft zijn beurs behouden — maar belangrijker nog: het heeft zijn wezen gevormd. Want op dat moment van innerlijke strijd, toen hij fluisterde *nee* tegen de makkelijke leugen, verbond David zich opnieuw aan het oudste en hardste verbond: leven — en desnoods lijden — onder het onwrikbare licht van de waarheid.

De Gebroken Kruik: Dankbaarheid in Verlies (הכרת הטוב)

"טוֹב לְהוֹדוֹת לַה'."
"Het is goed om de Eeuwige te danken." (Tehillim 92:2)

De Ochtend van de Markt

De steeg achter de shuk ontwaakte nog vóór de zon haar gelaat verhief. Eerst kwamen de geuren: gistende dampen uit de oven van de bakker, vijgen die zacht zoet kneusden in hun manden, het bittere aroma van nat touw en vochtige klei. Daarna de geluiden: karren die kraakten, een muilezel die zuchtte in geduld, een vrouw die zacht neuriede terwijl ze linnen over een houten kraam vouwde.

In dat grijze uur, wanneer de wereld nog onopgesmukt en eerlijk is, boog een smalgeschouderde man zijn rug onder een juk en hief twee kruiken op zijn schouders. Zijn naam was Jitschak.

Hij liep met de behoedzame tred van iemand die weet dat wat hij draagt niet slechts water is, maar tegelijk zijn broodwinning én zijn waardigheid. Het houten juk kreunde als een vermoeide metgezel. Aan de linkerkant hing een stevige aarden kruik, gewatteerd met stro; rechts bungelde haar evenbeeld – behalve dan voor de dunne barst die als een bleke glimlach van de lip tot aan de buik boog.

Een maand geleden had Jitschak die scheur ontdekt. In het begin deed hij alsof zij niet bestond. Hij draaide de kruik telkens in een nieuwe hoek, zoekend naar een standpunt waar de scheur eerder leek op een marmeren ader dan op een wond. Maar bij elke terugkeer van de bron liep er een donkere streep langs de wand, en dropen er druppels, kraal na kraal, die een spoor van vocht achterlieten alsof een onzichtbaar wezen hem was voorgegaan.

"Jitschak," riep de bakker eens, terwijl hij broden in de vurige oven schoof, "je kruik weent weer."

Jitschak glimlachte en hees het juk hoger.
 "Het is een sentimentele kruik," zei hij. "Zij huilt om brood dat zij nooit zal proeven."

Ze lachten samen, maar onder die lach lag een zware last. Elke ochtend verloor hij de helft van het water nog vóór de stadsput werd bereikt. De helft van zijn loon verdween mee. En de huur voor het kamertje dat hij met zijn moeder deelde, wrong scherper om hem heen, als een glimlach die te lang was vastgehouden en in starheid veranderd.

De Last van Schuld

De bron lag buiten de stadsmuur, een zilveren munt in een rotsige handpalm. Het pad slingerde tussen lage stenen muurtjes die koppige aarde bijeenhielden. Elke ochtend trok dezelfde stoet voorbij: de wijnboer met zijn door touw geschuurde handen; de weduwe die kruiden verkocht en zelfs de stenen begroette; jongens met blote voeten en losse tongen; en Jitschak, met zijn twee kruiken en zijn mond vol fluisterende gebeden.

Hij sprak *Modeh Ani* bij zijn eerste stap, en bewaarde *Asjrei* voor de heuvel – elk woord als een stok die hem staande hield. Maar toen de neef van de huisbaas op de deur klopte, leek die heuvel steiler dan de Sinaï.

"Je huur is opnieuw te laat," zei de neef, leunend in de deuropening, terwijl hij stof uit zijn baard krabde met de rand van een munt. Het klonk niet wreed, slechts zakelijk – en zakelijkheid kan kouder snijden dan wreedheid.

"Ik zal betalen," antwoordde Jitschak. "Twee dagen."

"Dat zei je vorige week ook."

Jitschak wierp een blik naar binnen, waar zijn moeder sliep met een hoofddoek die over één oog was gezakt. Hij dacht aan de barst die hem de helft van zijn weekloon had gekost. "Twee dagen," herhaalde hij. De neef haalde zijn schouders op en verdween, en met hem de laatste warmte uit de kamer.

Het Bloeiende Pad

De volgende ochtend was de weg naar de bron drukker dan gewoonlijk. Een stapel granaatappels was omgevallen en lag als open wonden verspreid op de stenen. Jitschak vulde zijn beide kruiken, knoopte de stoppen stevig vast en begon de klim terug. De hitte drukte vroeg en zwaar, als een hand die vragen stelt. De linkerkruik zweette gezond; de rechter deed wat zij geleerd had: zij weende in gestage druppels.

Bij de stadsput aangekomen was de gebarsten kruik licht als schaamte. Hij leverde wat hij had, ontving muntjes die zonder blik werden geteld, en wilde zich omkeren. Toen stapte een oude man voor hem. Zijn gezicht was een perkament vol plooien, zijn gewaad dat van een melamed, zijn glimlach die van een grootvader die alle jongens hun dwaasheden al lang vergeven heeft.

"Je kruik lekt," zei de oude man, alsof hij een geboorte aankondigde.

"Ik weet het," zei Jitschak. "Ik spaar voor een nieuwe."

"Kom," antwoordde de melamed, en hij knikte naar het pad. "Wandel met mij."

Zwijgend liepen ze samen. Het juk piepte als een wiegelied tussen hen in. Bij de bocht waar het pad langs de tuintjes voerde, bleef de oude man staan en wees naar de rechterberm.

"Kijk."

Daar zag Jitschak het: de rechterkant van de weg – die onder de lekkende kruik – was bezaaid met bloemen. Kleine viooltjes boogden bescheiden, gele bloempjes lachten in de zon, gras groeide weelderig als kinderlokken na de winter. Links, onder de gave kruik, lag niets dan stof, distel en doorn.

"Ik begrijp het niet," zei Jitschak.

"Jouw kruik bloedt," sprak de oude man zacht, "en de aarde drinkt. Wees niet sneller dan de Eeuwige om iets verspilling te noemen. Soms is juist datgene wat uit ons lekt zonder dat wij het willen, de voeding voor velden die wij nog niet kennen."

Jitschaks keel, de hele week een dichte poort, opende zich plots als een toegangspoort.

De Storm en de Wending

De dagen die volgden, reegden zich aaneen als kralen: vullen, klimmen, leveren, luisteren. Langzaam nestelde dankbaarheid zich in zijn tred: dank voor de manier waarop één druppel stof tot zwart kleurt; dank voor een touw dat losser voelt wanneer je zingt; dank voor zijn moeder die in haar slaap glimlachte. Dankbaarheid betaalde geen huur, maar verwarmde wel de handen die munten telden.

Op de laatste dag van de maand trok een storm aan de horizon samen. In de markt bonden de kooplui hun zeilen vast met gevloek en gelach. Jitschak, opgehouden doordat hij een oude vrouw bij de stadspomp hielp, bereikte de bron onder een hemel die als een loodzware deksel sloot. Hij vulde zijn kruiken, trok de stoppen stevig aan, en begon de klim net toen de eerste regendruppels – dik als beloften – de aarde raakten.

Bij de smalste bocht schrok de muilezel van de wijnboer op een donderslag. Wielen gleden, de kar kantelde gevaarlijk richting afgrond. De kreet van de wijnboer klonk als het kraken van een brekende tak. Zonder nadenken liet Jitschak het juk vallen, dook naar voren en zette zijn schouder tegen de kar. Zijn spieren waren touw, zijn adem verscheurd papier, maar zijn gewicht – gering als hij het zelf achtte – was genoeg om de val te breken tot anderen kwamen helpen. Samen duwden ze de kar recht; de muilezel bedaarde; de ramp bleef uit.

"Je hebt mijn druiven én mijn botten gered," zei de wijnboer lachend, terwijl hij Jitschak op de schouder sloeg. "Noem je prijs."

Hijgend keek Jitschak achterom. Zijn stevige kruik lag gebarsten, een sterrenkaart van onbekend land. De gebarsten kruik – de oude, geduldige – lag veilig tussen bloemen en glansde van waterdruppels die plots leken op tranen die zich bedacht hadden.

"Ik heb geen prijs," antwoordde Jitschak zacht. "Maar als je wilt, koop deze week bij de weduwen. Betaal meer dan zij vragen."

De Onverwachte Beloning

Hij bracht een halve kruik naar de stadsput, terwijl de lucht door bliksem werd dichtgenaaid. De kwartiermeester, gewoonlijk zo koel, bleef ditmaal hangen.

"Ik zag wat er gebeurde," zei hij, terwijl hij munten telde. "En ik heb die rechterberm al weken bekeken. Gisteren besloot de stadsraad vijgenbomen daar te planten. 'De grond rechts is beter,' zei ik, al wist ik niet waarom. Nu weet ik het. Ze zoeken iemand die de boompjes water geeft door de zomer heen. Langzaam werk. Zeker loon. Een man die weet hoe hij precies genoeg kan morsen."

Hij schoof de munten naar hem toe, en voegde er twee bij.
 "Voor je huur," zei hij.

"Waarom?" vroeg Jitschak, aarzelend, zoals een hongerige man aarzelt bij een feestmaal.

De kwartiermeester haalde zijn schouders op. "Omdat jouw kruik lekt. En omdat, toen jij die kar tegenhield, mijn zoon eronder lag."

Jitschak sloot zijn ogen. *"Baruch HaTov VeHaMetiv,"* fluisterde hij. Gezegend de Goede Die goed doet.

Epiloog

Enige weken later stonden er jonge vijgenbomen langs het pad waar eens de bloemen bloeiden. Jitschak nam het werk aan om ze water te geven. Zijn oude kruik – trouw als een hond die je dagen kent – lekte nog altijd, en hij probeerde het niet langer te stoppen. In de loop der jaren droegen de bomen vrucht. Kinderen plukten zoetheid op weg naar de cheder; bruid en bruidegom vonden schaduw onderweg naar de choepa. Wat ooit een stoffige strook was, groeide uit tot een groene zin die de stad 's zomers kon lezen en 's winters herinneren.

Jaren later, toen de melamed stierf en zijn leerlingen Tehillim reciteerden bij een lamp die niet doofde, bracht Jitschak een vijg mee naar het huis van rouw. Hij vertelde het oude verhaal van de scheur, de bloemen, het werk, de kar. De aanwezigen lachten de lach die een kamer reinigt zonder een raam te openen.

Op de terugweg legde hij zijn hand op de stam van de eerste vijgenboom, voelde de trage hartslag van het sap. Hij dacht aan huur, aan vrees, aan betaling — en aan de stille munt van dankbaarheid die hij elke ochtend nu zonder tellen uitgaf.

Daar fluisterde hij het vers dat de melamed zo graag aan jongens met grote ogen leerde:

"Hodu La'Hashem ki tov, ki le'olam chasdo."
"Loof de Eeuwige, want Hij is goed; eeuwig duurt Zijn genade." (Tehillim 136:1)

En boven hem klapten de bladeren instemmend hun handen.

Musar — Hakarat HaTov

Je weet nooit waar jouw gebrek, jouw "lek", velden bevloeit die jijzelf nooit geplant hebt. Vaak is juist de scheur in jouw kruik — het verlies, de vertraging, de pijn — het kanaal waardoor de Eeuwige goedheid schenkt, aan anderen en uiteindelijk ook aan jou. Onze taak is eenvoudig en oneindig tegelijk: danken, blijven lopen, en openstaan voor het goede dat uit de breuk ontspringt.

De Rabbi en de Dief: Geduld dat transformeert (סבלנות)

"הֱוֵי מְתוּנִים בַּדִּין."
"Wees bedachtzaam in het oordeel." (Pirkei Avot 1:1)

De nacht van de inbraak

De markt was al lang verstild. Waar overdag stemmen luid klonken en kooplui hun waren aanprezen, lagen de kraampjes nu gesloten onder een dunne sluier van maanlicht. In een hoekhuis met scheefgezakte luiken woonde rabbi Eliezer, een man van wie men zei dat hij net zoveel leefde in de wereld van de Torah als in die van het chesed. Zijn leerlingen vertelden vaak dat hij verder keek dan de oppervlakte, dat hij in staat was een vonk te vinden in hout dat allang nat en onbruikbaar leek.

Maar in die nacht werd zijn eigen vonk beproefd.

Rond middernacht wekte het kraken van een raam hem uit zijn slaap. Hij bleef roerloos liggen, luisterend. Een schaduw gleed de kamer binnen, onhandig en gespannen, alsof de nacht hem benen had gegeven die nog niet wisten hoe te lopen. Rabbi Eliezer's ogen pasten zich aan het donker aan: een man, met gescheurde kleding bij de manchetten, rommelend in laden op zoek naar zilver dat er niet was.

De rabbi had kunnen schreeuwen. Hij had een stok kunnen grijpen of de buren roepen, die vast en zeker met vloeken en gebalde vuisten naar binnen waren gestormd. In plaats daarvan schraapte hij zachtjes zijn keel.

—Zoon, —zei hij met een rustige stem— je ziet er hongerig uit. Voor je iets neemt, eet eerst.

De dief verstijfde, zijn hart bonsde in zijn borst.
—Eten? —fluisterde hij ongelovig—. Ik ben gekomen om te stelen, niet om te bedelen.

Maar de rabbi was al opgestaan. Zijn kaars wierp zachte cirkels van licht op de muren. Uit een kast haalde hij een stuk brood, enkele olijven en een kleine kruik met water. Hij zette het neer op tafel alsof hij een gast ontving.

—Eerst moet je eten, —zei hij beslist—. Een hongerig mens kan niet helder denken. Daarna kunnen we spreken.

Het brood van aarzeling

De dief staarde naar het eten. Zijn vingers trilden, heen en weer geslingerd tussen de lokroep van de laden en de stille roep van zijn lege maag. Uiteindelijk, met de schuchterheid van iemand die jaren geen vriendelijkheid had gekend, ging hij zitten en brak een stuk brood af. Het kraken van de korst klonk harder dan donder.

In stilte aten ze. Pas toen de man zijn mond afveegde aan zijn versleten mouw, sprak de rabbi opnieuw.

—Mijn zoon, —zei hij zacht— jouw handen zijn sterk. Sterk genoeg om te bouwen, niet alleen om te nemen. Kom morgen terug, bij daglicht. Ik zal je eerlijk werk bezorgen.

De dief lachte schamper.
—Werk? Wie zou mij vertrouwen? Vannacht heb je gezien wat ik ben.

De rabbi keek hem niet aan met de kille blik van een rechter, maar met de warmte van iemand die zich een kind herinnert.
—Wat ik heb gezien, is wat honger doet. Niet wie jij werkelijk bent.

De man liet zijn blik zakken. Nog nooit had iemand over hem gesproken alsof hij meer was dan zijn slechtste daad.

Het keerpunt

Hij stond op om te vertrekken, verwachtend dat de rabbi ten minste zou eisen: *Kom morgen terug, of ik meld je bij de autoriteiten.* Maar de rabbi zei slechts:

—Neem dit brood mee. En onthoud: er is altijd een plaats voor jou aan mijn tafel.

De dief wankelde de nacht in, dragend voedsel dat hij niet had gestolen. Dat gewicht drukte zwaarder dan goud.

De volgende dag kwam hij niet terug. Ook niet de dag daarna. Schaamte is een hardnekkige cipier. Maar op de derde ochtend, terwijl de rabbi een kapotte schutting repareerde, viel er een schaduw over de binnenplaats.

—Ik ben hier, —mompelde de man, met de ogen naar de grond gericht.

De rabbi reikte hem een hamer aan.
—Dan beginnen we.

Een nieuw leven

Aanvankelijk ging het langzaam: hekken herstellen, hout hakken, water dragen. De rug van de man protesteerde, maar zijn hart verzachtte met elke dag dat hij werd behandeld als mens, en niet als etiket. De rabbi betaalde hem eerlijk loon en repte nooit over die nacht. Pas weken later, bij het vuur na een lange werkdag, legde de rabbi een hand op zijn schouder.

—Jij dacht dat je kwam om zilver te stelen, —zei hij met zachtheid— maar misschien heeft Hashem je gestuurd om iets anders te stelen: een leven uit de mond van de yetzer hara. En daar ben ik je dankbaar voor.

Tranen vulden de ogen van de man.
 —Rebbe, —fluisterde hij— jij hebt mij teruggestolen… van mijzelf.

Met de tijd werd hij een van de meest toegewijde leerlingen van de rabbi. In het beth midrasj kende men hem niet meer als dief, maar als *ba'al tesjoeva*, een man wiens geduld en begrip voor anderen zo breed was als het geduld dat ooit aan hem was betoond.

Musar-reflectie

In het Hebreeuws:

סבלנותו של הרב לא רק שמנעה חטא נוסף, אלא פתחה פתח לתיקון פנימי עמוק. במקום לראות את המעשה, ראה את האדם.

Vertaling:
 Het geduld van de rabbi voorkwam niet alleen een nieuwe zonde; het opende een deur naar innerlijke heelwording. Waar de meesten slechts de daad zouden hebben gezien, zag hij de mens.

Inzicht: Waarachtig geduld (*savlanut*) is geen passieve zwakte maar een actieve kracht — de moed om met kalmte te reageren waar woede vanzelfsprekend zou zijn. Geduld kan een dief tot leerling maken en een nacht van misdaad veranderen in een leven vol Torah.

De Kaars van Vergeving: Licht in de Duisternis (מחילה)

"De ziel van de mens is de kaars van Hashem."
(Mishlei 20:27)

De wrok die niet wilde sterven

Jom Kippoer had zich over het sjtetl gelegd als een heilige stilte. De synagoge gloeide in het zachte licht van honderden kaarsen, elke vlam een sidderend gebed. Mannen in witte kittels wiegden heen en weer als rietstengels in een rivier van woorden, hun stemmen stegen en daalden met de tijdloze melodieën die de hemel leken open te breken. Buiten hield zelfs de geplaveide straat zijn adem in, alsof de schepping zelf wachtte op oordeel. Maar niet ieder hart in de sjoel vond vrede.

In een hoek zat Reb Mendel, de rijkste koopman van het dorp, zijn brede schouders gebogen onder een last die geen mens kon zien. Zijn lippen vormden de woorden van de *Vidui*, maar zijn gebeden ketsten af als stenen tegen een gesloten poort. Al maanden droeg hij een wrok tegen zijn buurman, een arme kleermaker die het had gewaagd hem publiekelijk te bespotten. De belediging was klein geweest, een vluchtige grap over Mendels trots. Maar voor de koopman was het een vlek die geen zeep kon wegwassen. Hoe vaker hij het voorval herhaalde, hoe dieper de wond sneed. En zo gebeurde het dat, terwijl de gemeenschap neerboog en om genade smeekte, Mendels gebeden niet hoger reikten dan de rand van zijn hoge hoed.

De les zonder kaars

De rabbi zag het. Na *Kol Nidrei*, toen de zaal leegstroomde en stilte neerdaalde, ging hij naast Mendel zitten. Hij wees naar het flakkerende licht op de *bimah*, waar de kaarsen bleven branden.

"Mendel," sprak de rabbi zacht, "waarom is je gelaat zo zwaar beladen op deze heiligste nacht?"

Mendel zuchtte diep. "Hoe kan ik die man vergeven? Hij heeft mij te schande gemaakt. Als ik hem vergeef, verlies ik mijn eer. Als ik de wrok behoud, behoud ik tenminste mijn waardigheid."

De rabbi keek naar de dansende vlammen zonder ze aan te raken. "Kijk," zei hij, "de kaarsen branden niet voor zichzelf. Hun licht dient allen die het zien. Maar stel je voor dat iemand zijn hand zou uitstrekken om het licht te grijpen of te verbergen — hij zou zich slechts branden. Woede en wrok zijn net zo: ze verwonden alleen degene die ze vasthoudt. Laat het licht zijn werk doen, Mendel. Laat het schijnen. Dat is vergeving."

De innerlijke strijd

Mendel keek naar de vlammen. In het sidderende hart ervan herkende hij zijn eigen strijd. Waarom zou ík buigen? Waarom zou ík vergeven? Toch, hoe langer hij keek, hoe meer hun licht het ijs rond zijn ziel deed smelten. Hij dacht aan zijn jeugd, aan de jaren waarin zijn handel mislukte en buren hem barmhartigheid toonden. Hij dacht aan de woorden van zijn vader: "Beter een munt verliezen dan een vriend; beter een vriend verliezen dan je ziel." Tranen vulden zijn ogen. Zijn stem brak in een fluistering. "Als ik hem vergeef... zal Hashem mij dan ook vergeven?"

De rabbi glimlachte. "Meet jezelf naar de maat die je van de Hemel verlangt. Vraag jij Hashem om je schaamte uit te wissen? Wis dan de zijne. Vraag jij Hashem om mildheid? Toon dan mildheid aan hem."

Het herstelde licht

De ochtend brak bleek door de ramen. Toen de gemeente opstond om verder te bidden, liep Mendel door het middenpad naar de plaats waar de kleermaker stond, gehuld in zijn *tallit*. De hele zaal hield de adem in. Mendels lippen beefden, maar zijn woorden klonken helder: "Mijn broeder, ik vergeef u. Moge de Hemel ons beiden vergeven." De ogen van de kleermaker sperden zich open, toen werden ze zacht. Hij omhelsde Mendel, en samen keerden zij terug naar hun gebeden. Hun stemmen, eens gescheiden, klonken nu als één draad in het tapijt van smeekbeden.

De omstanders zwoeren dat de vlammen op de *bimah* op dat moment helderder brandden, alsof de *Sjechinah* zelf zich had neergebogen om te getuigen.

Musar Reflectie

Wie weigert te vergeven, draagt een vuur van wrok dat zijn eigen ziel verschroeit. Maar vergeving is als licht dat men niet grijpt, doch laat schijnen: zij verlicht zowel de vergevende als de vergevene.
Les: Waarachtig eergevoel ligt niet in het vasthouden van grieven, maar in het loslaten ervan. Wanneer wij vergeven, verkleinen wij onszelf niet — wij vergroten de ruimte waarin het licht van Hashem kan wonen.

De Stille Overwinning: Het Meesteren van het Zelf (כיבוש היצר)

"Wie is een held? Hij die zijn neiging weet te overwinnen." (Pirkei Avot 4:1)

De Marktdag in Krakau

Het was marktdag in Krakau. De stad leek te ademen op het ritme van de menigte: een mozaïek van stemmen, kleuren en geuren. Kooplieden riepen hun prijzen met schelle kelen, vrouwen droegen manden met groenten en kruiden in een wiegende balans op hun heupen, en kippen protesteerden luidruchtig vanuit hun krappe manden, alsof ook zij een aandeel in de drukte opeisten. De lucht was zwaar van geroosterde kastanjes, vochtige stro en het scherpe zout van menselijke arbeid.

In dit rumoer wandelde rabbi Sjimon, zijn houding kalm en waardig te midden van de maalstroom. Men kende hem in de stad: scherp van geest, zacht van tong, een leraar die niet alleen de Tora maar ook de harten van mensen wist te openen. Hij kwam niet om te kopen, maar om een leerling te ontmoeten na het ochtendgebed. Toch kruiste de beproeving die dag zijn pad.

Aan de rand van het plein dook een dronkaard op, zijn jas scheefhangend, zijn ogen dof en waterig. Zijn stem, gebarsten en rauw, sneed plots door de lucht.

"Daar is hij!" lalde hij, terwijl hij met een trillende vinger naar de rabbi wees. "De heilige geleerde! De vrome bedrieger!"

De menigte draaide zich om. De markt leeft van spektakel, en roddel smaakt zoeter dan honing.

De Beledigingen

De dronkaard waggelde dichterbij, zijn adem doordrenkt van goedkope brandewijn. "Kijk naar hem," sneerde hij. "In zijn heilige kleren paradeert hij, alsof hij beter is dan wij allemaal! Maar ik weet wel beter—o ja, ik weet wie hij werkelijk is!"

Met theatrale minachting spuugde hij vlak voor de voeten van rabbi Sjimon.

Een golf van verontwaardiging trok door de menigte. Sommigen fluisterden: *"Schande! Een rabbi zo openlijk beledigen!"* Anderen zwegen, gefascineerd door het drama dat zich ontvouwde.

Het gelaat van rabbi Sjimon kleurde rood. Zijn vuisten balden zich in de plooien van zijn mouwen. Binnenin zijn borst roffelde de trom van de woede: *Hoe durft hij? In het openbaar? Moet ik toestaan dat mijn eer vertrapt wordt als slijk?*

Honderden ogen wachtten, gespannen, op zijn reactie.

De Stilte

Een ogenblik leek de tijd zelf te vertragen. De stilte spande zich als een dunne snaar. Rabbi Sjimon ademde diep in, eenmaal, tweemaal. En in die korte adempauze klonk in zijn herinnering de stem van zijn vader: *"Ware kracht ligt niet in de slag, maar in de beheersing."*

Langzaam ontspanden zijn handen. Zijn kaak verzachtte. Zijn lippen sloten zich—niet uit woede, maar uit zelfbeheersing.

En hij zei niets.

Het Onbehagen van de Menigte

De dronkaard, verward door de leegte, hief zijn stem nog luider en zwaaide met zijn armen als een man die in water verzuipt. Maar zijn woorden vonden geen houvast. Ze vielen, zoals stenen in diep water, en verdwenen zonder echo.

De menigte schoof ongemakkelijk heen en weer. Een koopman fluisterde: *"De stilte van de rabbi is al antwoord genoeg."* Een ander zei zacht: *"Hij heeft hem verslagen zonder ook maar één woord te spreken."*

De dronkaard, uitgehongerd naar reactie, wankelde. Zijn stem brak, zijn houding verzwakte. Met een schouderophalen draaide hij zich om en verdween, opgeslokt door de nauwe steegjes.

De Nasleep

Een jonge leerling snelde naar de rabbi toe, zijn ogen groot van verwondering. "Rebbe," zei hij, "waarom zweeg u? Een man moet toch zijn eer verdedigen!"

Rabbi Sjimon wendde zich tot hem met een rustige blik. "Wanneer een hond blaft naar de koning," zei hij zacht, "blaft de koning dan terug? Mijn stilte was geen zwakte. Het was een strijd. Niet tegen hem, maar tegen mijn eigen yetzer dat mij verleidde tot schreeuwen. En door de barmhartigheid van Hasjem heb ik overwonnen."

De leerling liet zijn hoofd zakken. Hij begreep dat hij getuige was geweest van een les die dieper ging dan welke lezing in het bet midrasj ook.

De Verborgen Vrucht

Enkele weken later klonk er een klop op de deur van de rabbi. Daar stond de dronkaard—nuchter, zijn ogen troebel van schaamte. Hij boog diep en fluisterde: "Rebbe, uw stilte brandde harder in mij dan honderd vloeken. Die nacht zag ik mijzelf zoals ik werkelijk was—en ik kon het niet verdragen. Vergeef mij."

Rabbi Sjimon tilde hem teder op. "Mijn broer," zei hij, "ik had niets om te vergeven. Mijn strijd was nooit met jou, maar met mezelf. En met Hasjems hulp heb ik gewonnen."

De man barstte in tranen uit. Vanaf die dag werd hij een vaste bezoeker van de synagoge. Zijn dronkemansgeschreeuw maakte plaats voor fluisterende gebeden, alsof de stilte zelf zijn nieuwe meester was geworden.

Musar Reflectie

Hebreeuws:

הגיבור האמיתי איננו זה שמנצח אחרים, אלא זה שמנצח את יצרו. שתיקתו של הרב לא הייתה חולשה אלא כוח—הכוח לא לתת לאחר להכתיב את דרכו.

Vertaling:

De ware held is niet hij die anderen overwint, maar hij die zichzelf overwint. De stilte van de rabbi was geen zwakte maar kracht—de kracht om een ander niet de macht te geven zijn pad te dicteren.

Les: Eer die met woede wordt verdedigd is vluchtig. Eer die met zelfbeheersing wordt bewaard is eeuwig.

Het Gewicht van Eén Woord: De Kracht van de Tong (Sjemirat HaLasjon)

"Dood en leven zijn in de macht van de tong."
(Mishlei/ Spreuken 18:21)

Het gefluister op de markt

In het bruisende Lublin was de markt het kloppend hart van de stad. Venters riepen hun waren uit, kinderen krioelden tussen manden en karren, en elke steeg gonsde zowel van handel als van geruchten. Dáár, midden in het rumoer en de kleuren, begon een achteloos uitgesproken woord aan een reis die dieper zou snijden dan enig mes.

Chaim, de herbergier, moe van een lange ochtend, boog zich over zijn toonbank naar een reiziger en mompelde:
"Ken je die koopman, Reb Zalman? Men zegt dat zijn weegschalen niet helemaal eerlijk zijn."

Hij bedoelde er weinig mee—misschien enkel om de stilte te vullen, misschien om zichzelf te vermaken. Maar woorden, eenmaal uitgesproken, hebben geen teugel. Dit woord ontsnapte zijn mond als een vonk die de wind oppakt. Nog voor de avond viel, had het zich verspreid van oor tot oor, van huis tot huis. Binnen de kortste keren fluisterde de stad in koor: *"Zalman bedriegt met zijn schalen."*

De ondergang van een reputatie

Binnen enkele dagen voelde Zalman de kilte. Trouwe klanten weken uit. Vrienden die hem eens hartelijk begroetten, wendden hun blik af. Toen hij de beit midrasj betrad, verstomde het geroezemoes van het leren, en mannen schoven onrustig heen en weer op hun banken. Zijn zaken stortten in; schaamte kleefde aan hem als een vuil gewaad.

Ten slotte, gebroken en verward, zocht Zalman de rav van Lublin op. Zijn stem trilde:
"Rebbe, ik heb nooit iemand een munt ontnomen. En toch kijkt de stad mij aan alsof ik een dief ben."

De rav, een man met ogen diep van zowel barmhartigheid als oordeel, luisterde zwijgend. Toen liet hij Chaim, de herbergier, ontbieden.

De les van de rav

Toen Chaim verscheen, nog steeds onbegrijpend, sprak de rav: "Neem een kussen, gevuld met veren. Breng het naar het marktplein, scheur het open, en kom daarna bij mij terug."

Verward gehoorzaamde Chaim. Op het plein scheurde hij het kussen open, en de wind greep de veren en verspreidde ze als sneeuw. Ze dwarrelden over daken, raasden stegen in, vlogen voorbij de stadsmuren de velden in.

Hij keerde terug, de laatste pluisjes nog aan zijn mouwen. "Ik heb gedaan wat u vroeg, Rebbe."

"Goed," zei de rav. "Ga nu—en verzamel alle veren terug in het kussen."

Chaims mond viel open. "Maar dat is onmogelijk! De wind heeft ze overal heengevoerd!"

De stem van de rav bleef kalm, maar sneed scherper dan staal: "Zo is het ook met jouw woord. Je dacht dat het klein en onschuldig was. Maar het verspreidde zich over de hele stad. Kun jij het terughalen? Kun jij de schade aan Reb Zalmans naam herstellen?"

De last van berouw

Chaims gezicht kleurde rood. Hij wendde zich tot Zalman, tranen in zijn ogen. "Vergeef mij! Ik sprak zonder nadenken, en zie wat het heeft aangericht!"

Zalmans lippen trilden. "Ik vergeef je," fluisterde hij. "Maar mijn naam—wie zal die mij ongeschonden teruggeven?"

De rav legde een hand op beider schouders.
 "Daarom waarschuwt de Tora zo streng voor *lasjon hara*. Woorden zijn pijlen: eenmaal afgeschoten keren ze niet terug. Maar zoals een woord kan verwonden, kan een ander woord—gegrond in waarheid en nederigheid—beginnen te helen. Vanaf vandaag, Chaim, moet jij overal waar je komt in Zalmans eer spreken. Laat je tong, die duistere veren verstrooide, nu licht verspreiden."

Het herstel

Zo gebeurde het. Chaim, gebroken door schuld, werd de luidste verdediger van Zalmans integriteit. Tegen iedere reiziger en iedere stadsgenoot verklaarde hij: "Doe zaken met Reb Zalman! Zijn schalen zijn betrouwbaarder dan de zon zelf!"

Langzaam keerde het vertrouwen terug. Klanten kwamen opnieuw. En hoewel zijn reputatie een litteken droeg, werd Zalmans waardigheid niet vernietigd.

Wat Chaim betreft: hij sprak nooit meer lichtvaardig. Tot aan zijn laatste dagen vertelde hij kinderen en leerlingen het verhaal van de veren, om hen te leren hun tong te bewaken als een kostbare schat.

Musar Reflectie

Een woord dat achteloos wordt uitgesproken vliegt als een vogel die men niet kan terugroepen. Maar wanneer de tong wordt gebruikt voor het goede, kan zij even gemakkelijk licht verspreiden als eens duisternis.

Les: Het bewaken van onze tong gaat niet alleen over het vermijden van schade, maar ook over het kiezen van woorden die helen, eren en verheffen.

De Verloren Beurs: Eerlijkheid voorbij de Beproeving (יֹשֶׁר)

"דִּבֶּר אֱמֶת בִּלְבָבוֹ."
"Hij spreekt waarheid in zijn hart." (Tehillim 15:2)

De Vondst

De straten van Warschau schitterden onder een hardnekkige rijplaag. Sneeuw bleef koppig plakken aan de ongelijke kasseien, terwijl rijtuigen behoedzaam ratelden, hun paarden dampend in de bijtende kou.
 Josef de schoenmaker trok zijn versleten omslagdoek strakker om zijn schouders terwijl hij, ruwe handen van zowel leerbewerking als gebed, huiswaarts keerde vanuit de beit midrasj.

Op de hoek van een smalle steeg stootte zijn laars tegen een zacht voorwerp. Hij bukte zich en vond een leren beurs die zwaar in zijn handpalm lag. Een enkele blik naar binnen deed hem de adem inhouden: gouden munten, meer dan hij ooit in zijn leven had gezien. Genoeg om zijn gezin jaren te voeden. Genoeg om hem uit de klauwen van armoede te tillen.

Zijn maag knorde bij de gedachte aan vlees voor Sjabbes, nieuwe schoenen voor zijn kinderen, medicijnen voor zijn zieke vrouw. Maar een andere stem fluisterde vanbinnen: *Dit is niet van jou.*

De Verleiding

Die nacht zat Josef aan zijn wankele tafel, de beurs voor zich als een last die hij niet kon ontwijken.

Boven hem, op de zolder, ademden zijn kinderen onrustig onder hun dunne dekens. Uit de naastgelegen kamer klonk het droge hoesten van zijn vrouw.

De beurs leek te gloeien in het kaarslicht, elke munt een belofte van verlichting.
 Zijn yetzer fluisterde: *Wie zou het weten? Misschien heeft de Hemel dit geschenk zelf gestuurd. Ook jij verdient rust.*

Maar zijn hart herinnerde zich het vers: *"Middvar sjeker tirchak"* – *"Houd je ver van leugen."* Dit geld was niet het loon van zijn arbeid. Het behouden zou diefstal zijn, hoe vroom de excuses ook klonken.

Tegen de dageraad was zijn besluit onwrikbaar.

De Beproeving

Josef bracht de beurs naar het kantoor van de magistraat, waar verloren voorwerpen werden omgeroepen. Nog geen uur later stormde een rijke koopman binnen, bleek en bezweet van zorgen.

"Mijn beurs!" riep de man, terwijl hij ze gretig vastgreep met trillende handen. "Ik dacht dat ze voorgoed verloren was!"

Hij wendde zich tot Josef:
 "Vertel me, heb je ze geopend?" "Ik heb gezien wat erin zat," gaf Josef toe.

"En tóch bracht je haar terug?" De stem van de koopman brak van ongeloof. "Weet je wat dit betekent? Dat geld was het loon van tientallen arbeiders. Zonder dit zouden hun gezinnen verhongeren. Je hebt niet enkel goud teruggegeven – je hebt levens gered."

De Weerklank

Het verhaal verspreidde zich razendsnel door Warschau: de arme schoenmaker die een fortuin vond en het onaangeroerd teruggaf. Klanten stroomden toe naar zijn kleine werkplaats, verlangend hun schoenen te laten herstellen door handen die niet enkel leer, maar ook waarheid naaiden.

Een leerling vroeg hem eens:
"Rebbe Josef, was het dan niet moeilijk? Heb je niet gedacht aan je eigen honger?"

Josef glimlachte moe, maar warm. "Elke nacht hoor ik mijn kinderen om brood vragen. Maar ik had nooit kunnen verdragen dat zij, jaren later, 'kinderen van een dief' genoemd zouden worden. Armoede gaat voorbij. Een bezoedelde naam – nooit."

De Beloning voorbij het Goud

Enkele weken later keerde de koopman terug, ditmaal niet met goud, maar met een geschenk: een vaste opdracht om de schoenen van zijn arbeiders te repareren.
Josefs kleine werkplaats bloeide op. Hij werd nooit rijk, maar honger keerde niet meer terug in zijn huis.

En in de beit midrasj, wanneer Josef binnentrad met eeltige handen en een stille glimlach, fluisterden de studenten tegen elkaar:
"Daar gaat een man die waarheid spreekt in zijn hart."

Musar-Overdenking

In het Hebreeuws:

האדם נבחן לא רק ברגעי עוני, אלא גם בשעה שניתנת בידו האפשרות ליטול שלא כדין. היושר הנשמר בלב קשה – בונה עולם שלם.

Vertaling:

Een mens wordt niet enkel beproefd in tijden van gebrek, maar juist in de momenten waarin oneerlijkheid gemakkelijk en verleidelijk lijkt. Eerlijkheid, hardnekkig bewaard in het hart, bouwt een wereld van vertrouwen.

Les:

Ware rijkdom wordt niet gemeten in klinkende munten in de zak, maar in de integriteit die stil en onwankelbaar in het hart verblijft.

De Jas op de Weg: Chesed zonder Maat (חסד)

"Olam chesed yibaneh."
"De wereld wordt gebouwd op goedertierenheid." (Tehillim 89:3)

De Bevroren Weg

De winter van 1872 drukte met een meedogenloze hand op Galicië. Dag na dag daalde de sneeuw neer, dempte elk geluid, slikte alle kleur in en veranderde de wereld in een witte stilte. Reizigers kropen voort als schimmen door de sneeuwduinen, hun adem wolkend in de lucht.

Op de weg tussen twee dorpen liep Reb Dovid, houthandelaar van beroep. Zijn bontgevoerde jas beschermde hem tegen de snijdende wind, en zijn laarzen kraakten gestaag in de sneeuw. Hij was geen rijk man, maar zijn handel gaf hem bescheiden zekerheid: een gloeiende haard, brood op tafel, warmte voor zijn gezin.

Toen hij een bocht bij het bos omsloeg, zag hij een vorm die half in de sneeuw begraven lag. Op het eerste gezicht leek het slechts een gevallen boomstam van een voorbijgaande kar. Maar toen het bewoog en een kreun ontsnapte, begreep hij: het was een man—mager als takken, in lompen gekleed, het gezicht blauw van de vorst.

Reb Dovid bukte zich.
 "Broeder! Wat doe je hier? Je zult bevriezen!"

De lippen van de man bewogen zwak.
 "Onderweg... naar Tarnów... ingestort..."

De Toets van Chesed

Reb Dovid keek op en neer langs de weg. Geen reiziger in zicht. Geen herberg in de buurt. De man alleen optillen leek haast onmogelijk, en de storm werd met elke ademtocht heviger.

Hij dacht aan thuis—zijn vrouw die wachtte met de avondmaaltijd, zijn kinderen verlangend naar hun vaders verhalen. En toen dacht hij aan de jas op zijn rug—de barrière tussen hemzelf en de adem van de dood.

Zijn hart twijfelde: *Als ik mijn jas weggeef, breng ik mijzelf in gevaar. Maar als ik hem houd, zal hij zeker sterven.*

Het vers weerklonk in zijn geest: *"Olam chesed yibaneh."* De wereld bestaat enkel door goedertierenheid. Hoe kon hij die dan laten instorten, hier, op deze verlaten weg?

Zonder verder nadenken trok hij zijn jas uit, wikkelde die stevig rond het rillende lichaam van de vreemdeling, bukte diep, tilde de man op zijn schouders en begon aan de lange tocht terug naar het dorp.

De Lange Tocht

Elke stap was kwelling. De wind sneed door zijn hemd; zijn lichaam beefde onder de storm. De man op zijn rug was een dode last, slechts kreunend, nauwelijks levend. Reb Dovid's adem kwam in gescheurde wolken, zijn benen brandden van de inspanning. En toch brandde er vanbinnen een ander vuur— of het geloof was, of doel, of misschien de onzichtbare armen van Hashem die hem ondersteunden.

Eindelijk, na wat als eindeloze uren leek, flakkerden lantaarnlichten in de verte. De dorpsherberg. Hij strompelde naar binnen en zakte in elkaar op de vloer, de vreemdeling nog altijd gehuld in zijn jas.

De waard en zijn vrouw snelden toe, legden de bevroren man bij het vuur, wreven warmte in zijn ledematen en drukten warme thee tegen zijn lippen. Langzaam keerde de kleur terug, en het leven fonkelde waar de dood al had gewacht.

De Openbaring

Pas nadat de vreemdeling sliep, dacht Reb Dovid eraan zijn naam te vragen. Uit nieuwsgierigheid zocht de waard in zijn tas. Daarin lagen papieren, gemerkt met een wapen: geen bedelaar, maar een rijke koopman uit Tarnów, die door rovers was overvallen en van zijn bezittingen was beroofd.

Toen de morgen kwam en de koopman zijn ogen opende, vulden tranen zijn blik toen hij Reb Dovid zag.
 "U hebt mij gered," fluisterde hij. "Uw jas was mijn leven."

Reb Dovid glimlachte zwak.
 "Het was maar een jas."

Maar de koopman schudde zijn hoofd.
 "Het was meer. Het was uw warmte, uw kracht, uw goedertierenheid. Ik ben u alles verschuldigd."

De Beloning Zonder Verwachting

Maanden later ontving Reb Dovid een brief. Ingesloten was een contract voor een houtlevering met gulle voorwaarden, ondertekend door de man die hij had gered. *"Dit is slechts een fractie,"* zo las de brief, *"van de jas die mij mijn leven teruggaf."*

Toch vertelde Reb Dovid dit deel van het verhaal nooit. Wanneer buren hem vroegen naar zijn nieuw verworven voorspoed, antwoordde hij slechts:

"De wereld is gebouwd op goedertierenheid. Wat ik gaf, keerde tot mij terug op manieren die ik nooit gezocht had."

Musar Reflectie

Ware chesed rekent niet de prijs, maar het leven van de ander. De wereld wordt in stand gehouden door zulke momenten—wanneer een mens zijn eigen warmte opgeeft zodat een ander kan leven.

Les: Chesed die niets kost is eenvoudig. Chesed die iets eist—die werkelijk iets riskeert—is heilig.

De Gebroken Stoel: Nederigheid in Eer (Anavah)

"Het loon van nederigheid is de vreze voor Hashem."
(Mishlei 22:4)

Het Feest

In de stad Pinsk schitterde de synagoge als nooit tevoren. Na jaren van inspanning en gezamenlijke offers was eindelijk de nieuwe *aron hakodesh* voltooid—eikenhout, zorgvuldig gesneden, met zilveren letters ingelegd als sterren die fonkelden in de nacht. De gemeenschap stroomde samen voor de inwijding: kaarsen flakkerden in glazen houders, melodieën stegen op tot in de balken, en zelfs de armsten onder hen hadden zich in hun beste kleding gehuld.

In het middelpunt van dit alles zat hun leider, Rabbi Moshe. Zijn naam werd met eerbied gefluisterd van *shtetl* tot *shtetl*—een man van wijsheid, een *posek* wiens woorden zowel kooplieden als schoenmakers leidden. Toch kenden zij die hem van nabij volgden hem vooral om zijn zachtheid, om de manier waarop zijn ogen verzachtten wanneer een kind aan zijn mouw trok.

Voor deze avond had de gabbej een bijzondere stoel laten neerzetten: stevig, nieuw, en iets hoger dan de andere. "De Rav moet geëerd worden," zei hij. "Laat allen zien wie de hemel met Torah heeft gezegend."

De Kraakscheur

Toen Rabbi Moshe zich neerzette, klonk er een zachte *krak*. Hij bleef stil zitten, zijn glimlach verstard, terwijl het hout onder hem trilde. Iemand in de menigte grinnikte zenuwachtig; een ander hield zijn lach krampachtig in.

En toen, met een luide kreun, begaf de stoel het.

De rabbi viel voorover, zijn gewaad verfrommeld, zijn hoed rolde als een wiel over de stenen vloer. Geschokte kreten stegen op. Sommigen bedekten hun mond; anderen staarden, niet wetend of ze moesten lachen, helpen, of zich verbergen.

Het was een ogenblik vol schaamte. Een ander zou rood van woede zijn weggelopen, of de menigte met scherpe woorden tot stilte gemaand.

Maar Rabbi Moshe stond langzaam op, klopte het stof van zijn mantel, raapte zijn hoed op... en keek naar de resten van de stoel. En toen lachte hij—een diepe, oprechte lach die de hele zaal vulde als zonlicht dat door wolken breekt.

De Les in de Lach

"Vrienden," zei hij terwijl hij een gebroken stoelbeen omhooghield, "ziet hoe de hemel ons herinnert? Zelfs een rabbi zit slechts op hout. En hout, zoals de mens, breekt soms."

De lach verspreidde zich—eerst aarzelend, toen vrij—tot de hele synagoge schaterde. Wat schaamte had kunnen zijn, werd opluchting. Wat een breuk in waardigheid had kunnen zijn, werd een moment van eenheid en warmte.

De rabbi vervolgde: "Beter dat mijn stoel breekt dan mijn hart. Beter dat trots valt dan de vrede tussen ons. Laten wij vandaag niet enkel deze *aron hakodesh* wijden, maar ook onszelf—tot nederigheid voor Hashem."

Na de Val

Vanaf die avond werd het verhaal van de gebroken stoel een legende in Pinsk. Kinderen fluisterden het als grap, kooplieden herhaalden het lachend tussen hun transacties—maar altijd met bewondering. "Heb je gehoord? Onze rabbi viel—en maakte er Torah van!"

Bezoekers kwamen, verwachtend een strenge geleerde, maar vonden in plaats daarvan een man wiens nederigheid hen zelf groter deed voelen. Zijn grootheid werd door de val niet verminderd; ze werd erdoor gekroond.

En Rabbi Moshe zelf? Hij liet de stoel repareren en zette hem in zijn studeerkamer, als een stille herinnering: eer is broos, maar nederigheid blijft.

Musar-reflectie

Hebreeuws:
הכבוד נופל ברגע, אך הענווה מחזיקה לעד. מי שיודע לצחוק על עצמו הופך בושה ללימוד, וחולשה לכוח.

Vertaling:
Eer kan in een ogenblik instorten, maar nederigheid houdt eeuwig stand. Wie kan lachen om zichzelf, verandert schaamte in een les en zwakte in kracht.

Leerpunt:
De waarlijk geëerden zijn niet degenen die hoog gezeten zijn, maar degenen die met gratie weer opstaan wanneer de stoel onder hen breekt.

Boekopmaak – *Het Brood van de Weduwe: Dankbaarheid in Armoede*

Titelpagina

Het Brood van de Weduwe: Dankbaarheid in Armoede
(הכרת הטוב)

"טוֹב לְהוֹדוֹת לַה׳."
"Het is goed om Hashem te danken." *(Tehillim 92:2)*

Verhaaltekst

De Honger

[Initiaal: In] een klein sjtetl buiten Vilna woonde Rivka, een weduwe met drie kinderen. Haar man was jong gestorven en had haar enkel een kleine oven, een paar kippen en schulden nagelaten die als muizen door de muren knaagden...

De Vreemdeling

[Initiaal: Terwijl] het brood bakte, klonk er een klop op de deur. Een oude bedelaar stond daar, met een baard vol rijp en trillende handen...

De Lege Kast

[Initiaal: Die] nacht jammerden de kinderen van honger, en Rivka weende zacht...

De Terugkeer van de Vreemdeling

[Initiaal: Later] die week zag zij de bedelaar opnieuw op de markt – ditmaal niet in lompen, maar in een eenvoudige koopmansjas…

Reflectiepagina (afzonderlijk, omlijst als een les)

Musar Reflectie – *Hakarat HaTov*

Hebreeuws:
הכרת הטוב איננה תלויה בשפע אלא בלב. מי שמודה ומשתף גם מתוך חוסר — מגלה שהחסד של ה' אינסופי.

Vertaling:
Dankbaarheid hangt niet af van overvloed maar van het hart. Wie geeft en dankt zelfs in gebrek, ontdekt dat Hashems goedheid geen grenzen kent.

Kernboodschap:
Ware dankbaarheid wordt niet geboren wanneer de kast vol is, maar wanneer we "dank U" zeggen met een lege hand.

De Lege Stoel: Mededogen boven Woede *(Rachamim)*

"Zoals een man zijn zoon terechtwijst, zo kastijdt Hasjem, uw G-d, u."
(Devariem 8:5)

De Studiëzaal

In de grote jesjiva van Pressburg leefde de bet midrasj als een kloppend hart. Bladzijden Gemara sloegen om als vleugels van vogels, stemmen stegen op en botsten, discussies laaiden op en bedaarden weer, en de lucht trilde van de hartstocht voor Tora.

Elke bank was bezet — behalve één. Helemaal achteraan stond een stoel leeg, de tafel ervoor ongerept, een stille vraag midden in de storm van leren.

Dat was de plaats van Jisroel. Een leerling met een scherp verstand maar een rusteloze geest. De laatste tijd werd hij gezien in herbergen, verkwistend met tijd en woorden, steeds verder afglijdend van de weg van de jesjiva. Fluisteringen volgden hem als schaduwen: *"Hij is verloren... de jetser hara heeft hem verslagen..."*

Rav Avraham hoorde de fluisteringen. En elke dag viel zijn blik opnieuw op die lege stoel, en telkens kneep een stille pijn dieper in zijn hart.

De Confrontatie

Op een avond bereikte hem het bericht: Jisroel zat weer in de herberg. Sommigen spoorden hem aan:

"Rebbe, ga! Berisp hem scherp, voor heel de stad. Laat anderen vrezen en zijn pad niet volgen."

Rav Avraham stond van zijn lessenaar op, sloeg zijn mantel om en liep door de ijskoude straten tot hij de deur van de herberg bereikte. Van binnen kwamen muziek, het rinkelen van bekers, het grove gelach van mannen zonder Tora.

Daar zat Jisroel in een hoek, over een halflege beker gebogen, lachend met een geforceerd geluid dat zijn ogen niet bereikte.

Toen de rabbi binnenkwam, verstomde de ruimte. Alle ogen draaiden naar hem. Jisroel verbleekte. Hij bereidde zich voor op vernedering, op veroordeling, misschien zelfs op wegzending.

Maar Rav Avraham liep rustig naar hem toe, schoof de stoel tegenover hem naar achteren, en ging zitten.

De Woorden die Niet Gesproken Werden

Een lange stilte viel. Zwaarder dan elke terechtwijzing. Eindelijk sprak de rabbi zacht:

"Jisroel, jouw plaats in de bet midrasj wacht. Elke dag zie ik haar. En elke dag vraagt zij mij: *'Waar is mijn leerling?'*"

Jisroels ogen vulden zich met tranen. Zijn stem brak: "Rebbe, ik kan niet terug. Ik ben te ver gevallen."

De rabbi strekte zijn hand uit en nam de zijne. "Niemand valt verder dan waar Hasjems barmhartigheid reikt. Kom thuis. Niet voor mij, niet voor hen — maar voor de Tora die nog altijd wacht op jouw stem."

De Terugkeer

De tranen vloeiden. Voor de ogen van de hele herberg legde Jisroel zijn hoofd neer op de hand van zijn leraar, als een kind aan de knie van zijn vader. Zonder een woord meer stond hij op en volgde hem de koude nacht in.

De volgende ochtend was de lege stoel gevuld. Fluisteringen gingen rond: *"Hoe kan hij hier zitten na alles wat hij gedaan heeft?"* Maar Rav Avraham bracht ze met één blik tot zwijgen.

"Hij is niet terug omdat hij volmaakt is," zei de rabbi zacht. "Hij is terug omdat hij het probeert. En dat is groter dan volmaaktheid."

Met de tijd werd Jisroel één van de sterkste leerlingen van de jesjiva, later zelfs een leraar — altijd opmerkzaam voor de "lege stoelen" van anderen, altijd zacht in zijn terechtwijzing.

Musar-Beschouwing

In het Hebreeuws:
לפעמים השתיקה והחיבוק משפיעים יותר מן התוכחה. לראות את הכסא הריק של יהודי ולקרוא לו לחזור באהבה — זהו רחמים אמיתיים.

Vertaling:
Soms werken stilte en een uitgestoken hand krachtiger dan honderd woorden van berisping. Het lege zitje van een Jood opmerken en hem met liefde terugroepen — dat is werkelijk mededogen.

Leerpunt: Harde woorden kunnen afschrikken, maar mededogen heelt. De grootste terechtwijzing is vaak geen veroordeling, maar de stille herinnering: *"Jouw plaats wacht nog steeds op jou."*

De Vergeten Schuld: Het Gewicht van Integriteit (ניקיון כפיים)

"Hij die trouw spreekt en niet verandert."
(Tehillim 15:4)

Het Oude Grootboek

In de stad Brody, een bruisend centrum van kooplieden en geleerden, klonken de markten vol met het gerinkel van weegschalen en het luidruchtige geroep van kopers en verkopers. Onder hen leefde Reb Pinchas, die zijn brood verdiende met een bescheiden winkel. Hij was niet zo rijk als de grote handelaars, en ook niet bijzonder sluw in zaken, maar zijn reputatie was onwrikbaar: hij was een man van waarheid.

Mensen zeiden vaak: *"Beter om bij Pinchas te kopen—want zelfs al zijn zijn appels klein, zijn weegschalen zijn altijd eerlijk."*

Op een middag, terwijl hij de opslagruimte achterin zijn winkel opruimde, ontdekte Reb Pinchas een oud grootboek. De bladzijden waren vergeeld, de hoeken rafelig, en binnenin stonden schulden opgetekend van vele jaren geleden. Namen, data, bedragen—totdat zijn blik plotseling bevroor op één regel:

"Schuld van Pinchas aan Reb Yitzchak – 20 roebel."

Hij zakte zwaar neer op een houten kruk. Twintig roebel! Voor hem was dat een enorme som—meer dan een volledig maandsalaris. Maar Reb Yitzchak was al jaren geleden overleden. Zijn kinderen waren verspreid naar andere steden; niemand herinnerde zich deze schuld. Niemand—behalve Pinchas zelf.

De Verleiding

Tegenstrijdige stemmen stegen op in zijn hart.

"Wie zou het ooit weten als ik dit laat gaan? Reb Yitzchak is weg, zijn kinderen hebben nooit iets gevraagd. Misschien heeft zelfs de Hemel deze schuld al uitgewist..."

Maar een andere stem, scherp en onverzettelijk, sprak diep van binnen: **"Het zegel van de Heilige, gezegend zij Hij, is waarheid."**

Als Hasjems eigen zegel waarheid is, hoe kon Pinchas dan voor Hem staan met zelfs maar één vergeten leugen die op zijn ziel drukte?

De Zoektocht

Die avond sloot Pinchas zijn winkel vroeg. Hij stelde vragen op de markt, klopte op deuren, schreef brieven, achtervolgde vervagende herinneringen. Dagen werden weken; weken vloeiden over in maanden.

Eindelijk ontdekte hij dat één van Reb Yitzchaks zonen in een naburig stadje woonde. Hij werkte als een eenvoudige kleermaker, arm en vermoeid, gebogen over versleten kledingstukken.

De Terugbetaling

Pinchas bond de munten samen in een kleine buidel en reisde erheen. Hij vond de kleermaker gebogen over zijn werk, bezig een versleten jas te herstellen. Pinchas naderde hem en zei eenvoudig:

"Uw vader, Reb Yitzchak, heeft mij ooit twintig roebel geleend. Ik ben nu gekomen om ze terug te betalen."

De kleermaker keek verbaasd op. "Mijn vader? Ik was nog een kind toen hij stierf... Al jaren heeft niemand meer over zijn leningen gesproken. Waarom brengt u dit nu?"

Pinchas antwoordde: **"Omdat de schuld de mijne was, en ik hem nog steeds verschuldigd ben. Waarheid wordt niet uitgewist door de tijd. Zij blijft op mij drukken totdat zij rechtgezet is."**

De Invloed

De ogen van de kleermaker vulden zich met tranen. "Goede Jood... u kunt het niet weten. Gisteren nog gingen mijn kinderen hongerig naar bed. Dit geld is niet alleen de terugbetaling van een schuld—het is leven zelf."

Het nieuws verspreidde zich snel door Brody: Reb Pinchas had een vergeten schuld terugbetaald die niemand had geëist. Al gauw kwamen mensen naar zijn winkel, niet alleen om waren te kopen, maar ook om raad en zegen te vragen. En zijn kinderen leerden een les die in hun harten gegrift bleef: rijkdom gemeten in roebels vervaagt, maar rijkdom gemeten in integriteit blijft voor eeuwig.

Musar Reflectie

Hebreeuws:
האדם הישר משיב גם חוב שאיש אינו זוכר. אין הוא עושה זאת רק בעבור הזולת — אלא בעבור נפשו. כי מי שמוחק שורה בפנקס בלי לשלם, מוחק חלק מנשמתו.

Vertaling:
De eerlijke mens betaalt zelfs een schuld terug die niemand zich herinnert. Niet alleen voor de ander, maar ook voor zijn eigen ziel. Wie een regel uit het grootboek wist zonder te betalen, wist een stuk van zijn eigen waarheid uit.

Les: Ware integriteit wordt niet getest wanneer de wereld toekijkt, maar juist in die momenten wanneer niemand anders het ooit zou weten. De rein-hartige mens is hij die waarheid spreekt in zijn hart—en zelfs betaalt wat iedereen dacht dat voorgoed vergeten was

De Regen die Niet Kwam: Geloof in het Droge Seizoen (אמונה)

"Maar de rechtvaardige zal leven door zijn geloof."
(Chavakoek 2:4)

De Droge Velden

In het stadje Mezritsj leek de zomer eindeloos en meedogenloos. Wolken trokken voorbij als onverschillige vreemdelingen, zonder ook maar één druppel los te laten. De aarde barstte open, de halmen van tarwe verdorden, en de hoop verging nog sneller dan de gewassen. Op het marktplein verzamelden de boeren zich, hun gezichten gegroefd van zorgen, hun stemmen zacht en zwaar van moedeloosheid.

Te midden van hen stond Reb Nachman, een eenvoudige boer met slechts een klein stukje land en een vermagerde os. Zijn buren schudden hun hoofd om zijn koppigheid.

"Verkoop je akker, Nachman," zeiden ze. "Dit jaar zal er niets groeien. Beter dat je redt wat je nog hebt, dan dat je alles verliest."

Maar Reb Nachman glimlachte vermoeid, doch vastberaden.

"De regen zal komen. Hasjem is ons niet vergeten."

Zijn buren lachten spottend. Geloof is gemakkelijk wanneer de velden groen zijn; het is oneindig veel moeilijker wanneer er niets is dan stof.

De Zaden van Geloof

Op een avond, terwijl anderen hun tarwezaad veilig opborgen voor het volgende jaar, ontdekten Nachmans kinderen hun vader op het veld. Hij strooide zaden uit over de gescheurde aarde.

"Papa!" riepen ze. "Waarom verspil je de zaden? Er is toch geen regen!"

Met vingers zo ruw als boomschors drukte hij de korrels in de grond.

"Kinderen," zei hij, "als we wachten tot de regen komt om te zaaien, dan zal de regen niets vinden om tot leven te wekken. Geloof betekent zaaien juist wanneer de hemel leeg is. Hasjem zal zorgen."

Zijn vrouw stond in de deuropening en voelde de angst door haar hart kronkelen. Toch zweeg ze, want in zijn ogen brandde een licht dat haar verwarmde ondanks de kou.

Het Gelach van de Buren

De dagen werden weken. Iedere keer dat zijn buren langs zijn kale veld liepen, dreven ze de spot met hem.

"Kijk die dwaas," fluisterden ze, "hij besproeit stof met zijn zweet. Denkt hij werkelijk dat zijn gebeden de hemel veranderen?"

Maar elke ochtend boog Nachman zich over de droge aarde en fluisterde Tehillim. Zijn buren schudden hun hoofd, maar soms — in de stilte van de nacht — voelden ze een steek van jaloezie. Want hoewel zijn akker leeg was, was zijn hart vol.

De Eerste Druppel

Op een vroege ochtend, terwijl Nachman zijn voren afliep, voelde hij plots een druppel op zijn wang. Hij keek omhoog. De hemel, die wekenlang hard als ijzer was geweest, had zich verzacht tot grijs. Nog een druppel, en nog één — tot de sluizen van de hemel openbraken.

De aarde dronk gulzig. Nachman viel op zijn knieën, zijn tranen mengden zich met de regen.

"Ribono shel Olam," fluisterde hij, "U hebt mij nooit verlaten."

Binnen enkele weken schoten frisse groene sprieten door de grond. Zijn veld, dat eerst enkel een bron van spot was, werd het enige in het dorp dat vol stond met groeiende tarwe. En toen de oogsttijd kwam, zwegen de buren terwijl zij zagen hoe de gouden halmen golfden waar zij alleen stof hadden verwacht.

De Oogst van Geloof

Dat jaar zouden vele gezinnen in het dorp honger hebben geleden, ware het niet dat Nachman zijn schuren opende. Zonder aarzeling deelde hij uit.

"Diezelfde G-d die regen gaf aan mijn veld," zei hij, "geeft brood aan al Zijn kinderen. Neem, en zegen Zijn Naam."

Vanaf die dag noemden zijn buren hem geen dwaas meer. Ze noemden hem: **"een man van emunah."**

Musar-les

Hebreeuws:
האמונה איננה להאמין כאשר הכול ברור, אלא לזרוע דווקא כשהשמיים ריקים. מי שבוטח בה' גם בשעת יובש — זוכה לראות ברכה למעלה מן הדעת.

Vertaling:

Geloof is niet geloven wanneer alles duidelijk is; het is zaaien wanneer de hemel leeg is. Wie op Hasjem vertrouwt zelfs in tijden van droogte, ontvangt zegeningen die het verstand te boven gaan.

Les: Ware emunah is niet wachten op bewijs, maar handelen met vertrouwen nog vóórdat het bewijs verschijnt.

De Gesloten Winkel: Geloof en Sjabbes

"Zes dagen zal er arbeid verricht worden, maar de zevende dag is een Sjabbat." (Sjemot 35:2)

Het Dilemma van de Koopman

In de bruisende stad Odessa tierde de handel op Sjabbes welig. Schepen losten hun vracht op vrijdagavond en op zaterdagochtend krioelden de markten van bedrijvigheid. Winkeliers gooiden hun deuren open en boden stoffen, etenswaren en koopwaar aan de zeelieden aan, voordat hun loon in de herbergen verdween.

Jaakov, een eenvoudige stoffenkoopman, voelde de verleiding branden in zijn hart. Zijn winkeltje was klein, zijn kinderen droegen opgelapte kleren, en zijn vrouw moest iedere kopeke uitrekken om het huishouden draaiende te houden. Meer dan eens fluisterde een buurman hem toe:

— "Jaakov, als je alleen op Sjabbes zou openen, zou je binnen een jaar een rijk man zijn."

Elke Sjabbes stond hij opnieuw voor dezelfde beproeving: buiten klonk het rumoer van de straat, de roep van de handelaars, het rinkelen van munten. En binnen — gesloten luiken, brandende kaarsen, en de zachte stemmen van zijn kinderen die *Sjalom Aleichem* zongen.

Toch knaagde er zelfs te midden van die heiligheid een moeilijke gedachte in hem: *Ontneem ik mijn kinderen hun brood? Is mijn geloof slechts dwaasheid?*

De Beproeving

Op een Sjabbesmiddag, terwijl de familie hun zemirot zong, klonk er plotseling hard bonzen op de deur. Een buitenlandse handelaar stond daar, een zware beurs aan zijn zijde.

— "Ik heb dringend stof nodig!" riep hij. "Ik betaal je het dubbele van de prijs."

Jaakov schudde zijn hoofd.
 — "Vandaag is het Sjabbes. Ik kan niets verkopen."

— "Dan het drievoudige!" drong de handelaar aan.

Jaakov legde zijn hand stevig op de schouder van zijn zoon en sprak vastberaden:
 — "Niet voor al het goud van Odessa."

De handelaar vloekte en stormde weg. Jaakovs kinderen keken hem met grote ogen aan. Het gezicht van zijn vrouw verbleekte, maar in haar ogen blonk stille trots.

De Beloning van het Geloof

De week erop keerde dezelfde handelaar terug — ditmaal op een doordeweekse dag.

— "Ik ben bij anderen geweest," gaf hij toe, "maar hun stof was van slechte kwaliteit. De jouwe staat bekend om haar degelijkheid. Ik koop je hele voorraad."

Het nieuws verspreidde zich razendsnel door Odessa: Jaakov was de koopman die niet op Sjabbes verkocht. Zijn stoffen waren uitstekend, ja — maar belangrijker nog, zijn geloof was hem meer waard dan rijkdom. Klanten stroomden naar zijn winkel, sommigen om de goederen, anderen gewoon om zaken te doen met een man wiens woord sterker was dan winst.

Zo groeide zijn bestaan — niet ondanks Sjabbes, maar juist dankzij Sjabbes.

De Erfenis

Jaren later, toen Jaakovs kinderen hun eigen beproevingen onder ogen moesten zien, herinnerden zij zich die gesloten winkel op Sjabbes. Ze herinnerden zich de honger in hun buik soms, maar ook de vrede die hun huis vulde. Bovenal herinnerden ze zich hoe geloof — hoewel de wereld het als dwaasheid beschouwde — de bron van zegen werd voor hun gezin.

Musar Reflectie

Hebreeuws:
האמונה נבחנת דווקא במקום שבו נראה ההפסד לעין. מי שסוגר את חנותו לשבת מגלה שהפרנסה איננה בידיו — אלא ביד ה'.

Vertaling:
 Geloof wordt juist getest waar verlies zichtbaar lijkt. Wie zijn winkel sluit voor Sjabbes ontdekt dat het levensonderhoud niet in zijn handen ligt, maar in die van Hasjem.

Les: Waarachtig geloof wordt niet met woorden verkondigd, maar geleefd in daden — in keuzes die comfort opofferen omwille van de waarheid.

De Kaars in de Storm: Vasthouden aan Geloof (Emuna)

"Al ging ik ook in een dal van schaduw van de dood, ik zou geen kwaad vrezen, want U bent met mij."
(Psalm 23:4)

De Storm

Het sjtetl Brisk lag gehuld in storm. Regen geselde de straten, donder deed de ramen trillen, en de rivier, gezwollen en woedend, dreigde over zijn oevers te treden. In een klein houten huis aan de rand van het dorp zat Chana met haar kinderen, dicht opeengekropen rondom een enkele flakkerende kaars.

Haar man, een arme voerman, was niet teruggekeerd van zijn reis. Dagen gingen voorbij zonder enig bericht. Elke donderslag klonk voor haar als een spottende lach van de hemel over haar eenzaamheid.

De kinderen fluisterden: *"Mama, komt Papa terug?"* Zij drukte hen tegen zich aan, haar hart brak, maar met zachte stem antwoordde zij: *"Ja, jullie vader is in de handen van de Eeuwige."*

Toch, diep vanbinnen, knaagde een pijnlijke gedachte: *Wat als hij verloren is? Wat als mijn woorden slechts leugens zijn?*

Het Bezoek

Midden in de storm klonk er een klop op de deur. Een buurman kwam binnen, doorweekt tot op het bot.

"Chana, vergeef me," zei hij zacht, "maar in de stad zeggen ze dat je man er niet meer is. De rivier heeft twee dagen geleden een wagen meegesleurd. Je moet je voorbereiden."

De kaars flakkerde zwakjes. De kinderen kropen nog dichter tegen haar aan.

Chana sloot haar ogen. Duizenden angsten drukten zwaar op haar hart. Toch dwong zij haar lippen om te zeggen:
"De Eeuwige geeft leven. De Eeuwige bewaart leven. Zelfs midden in de storm — Hij is met ons."

De buurman zuchtte en vertrok, zijn hoofd schuddend.

De Lange Nacht

De uren kropen voorbij. De kaars gaf nog slechts vonken van licht, terwijl schaduwen als klauwen over de muren sprongen. Elke donderslag klonk als spottend gelach tegenover haar psalmen. Maar keer op keer fluisterde zij:
"Sjema Jisraël, Hasjem Elokeinoe, Hasjem Echad."

Langzaam dommelden de kinderen in, getroost door haar stem. Zijzelf bleef alleen achter, zacht psalmen mompelend tegenover de storm, vasthoudend aan het laatste draadje geloof.

De Dageraad

Eindelijk begon het ochtendlicht te glinsteren. De storm bedaarde tot een zachte motregen. Chana stond op, haar lichaam pijnlijk en stijf, en opende de deur.

Daar stond hij — bedekt met modder maar levend, haar man. Zijn ogen rood van vermoeidheid, maar zijn glimlach breed.
 "De brug is ingestort," vertelde hij. "Ik moest bij een boer schuilen tot de rivier kalmer werd. Ik ben zo snel teruggekomen als ik kon."

Chana huilde in zijn armen, en de kinderen dansten om hen heen als vonken van de kaars die de hele nacht had gebrand.

Het Licht dat Bleef

Jaren later, toen haar zonen hun eigen stormen moesten doorstaan — armoede, ziekte, ballingschap — herinnerden zij zich die nacht: de kaars van hun moeder, haar bevende maar standvastige stem, haar hardnekkige overtuiging dat de Eeuwige aanwezig is, zelfs wanneer de storm buiten loeit.

En ook zij, in hun donkerste nachten, fluisterden psalmen en droegen het geloof van hun moeder als een fakkel met zich mee.

Moraal

Hebreeuws:
 Geloof is niet wachten tot de storm voorbij is, maar juist in de storm zeggen: *"U bent met mij."* De kaars die men aansteekt in het donker blijft branden in de generaties daarna.

Vertaling:

Geloof betekent niet wachten tot de storm is gaan liggen; het betekent midden in de storm uitroepen: *"U bent met mij."* De kaars die in de nacht wordt ontstoken, blijft hele generaties verlichten.

Les: Geloof wordt niet beproefd in rustige wateren, maar in het vermogen de kaars vast te houden wanneer de winden loeien.

De Handen van de Arts: Emuná in Ziekte (אמונה בחולי)

"רְפָאֵנוּ ה' וְנֵרָפֵא, הוֹשִׁיעֵנוּ וְנִוָּשֵׁעָה.."

„Genees ons, Hashem, en wij zullen genezen; verlos ons, en wij zullen verlost worden."
(Jeremia 17:14)

De Diagnose

In Lemberg woonde Baroech, een eenvoudige kleermaker. Zijn steken waren nauwkeurig, zijn woorden nederig, zijn geloof standvastig. Maar op een winterdag werd hij zwaar ziek. Zijn handen, eens snel met naald en draad, beefden; zijn lichaam brandde van koorts. De dokters schudden hun hoofd. *„Maak je huis gereed,"* zeiden ze zacht. *„Wij kunnen niet helpen."*

De woorden vielen zwaar. Zijn vrouw weende aan het ziekbed, zijn kinderen klampten zich aan haar rok. Maar Baroech fluisterde: *„De arts houdt het mes vast, maar Hashem leidt de hand. Totdat Hij het zegt, zal ik niet wanhopen."*

De Strijd van de Nacht

De nachten waren het ergst. De pijn drukte als ijzer, de adem kwam in hijgende stoten. Elke keer dat hij voelde hoe de duisternis zich sloot, dwong hij zijn lippen om Tehillim te prevelen.

„Hashem," bad hij, „als U mij geneest, zal ik luider zingen dan ooit tevoren. En zo niet — dan nog zal ik U vertrouwen."

Zijn familie, die hem hoorde, putte kracht uit zijn woorden. Het huis werd minder een kamer van angst en meer een heiligdom van gefluisterd geloof.

De Onverwachte Wending

Op een ochtend, terwijl de koorts nog steeds woedde, kwam een jonge arts die pas in het stadje was aangekomen, hem bezoeken. Hij onderzocht Baroech en schreef een behandeling voor die de oudere dokters als dwaasheid hadden afgewezen. „Misschien helpt het niet," zei hij, „maar ik geloof dat het de moeite waard is."

De vrouw van Baroech aarzelde. De anderen hadden het al opgegeven. Maar Baroech knikte: „Als Hashem deze arts naar mijn deur heeft gestuurd, zal ik hem aannemen als Zijn boodschapper."

Ze volgden de behandeling. Dagen gingen voorbij. Langzaam zakte de koorts. De kleur keerde terug in Baroechs gezicht, de kracht in zijn ledematen. Binnen enkele weken zat hij weer achter zijn naaitafel, de naald flitsend in het zonlicht.

Het Lied van Dank

Toen hij terugkeerde naar de synagoge, keek de gemeenschap naar hem alsof ze een man zagen die uit het graf was opgestaan. Baroech hief zijn stem op in *Nishmat Kol Chai* met zo'n vuur dat velen in tranen uitbarstten.

Later zei hij tegen zijn kinderen: „Stel jullie vertrouwen niet alleen in artsen, en minacht hen ook niet. Vertrouw op Degene die hen zendt. Emuná is weten dat elke genezing, elk falen, elke ademtocht — van Hashem komt."

Musar-Overdenking

Hebreeuws:

האמונה בחולי איננה עיוורון לרפואה, אלא הבנה שהרופא רק שליח. ההחלטה — בידי רופא כל בשר.

Vertaling:

Emuná in ziekte is geen blind afwijzen van geneeskunde, maar het begrijpen dat de arts slechts een boodschapper is. De uiteindelijke beslissing ligt in de handen van de Genezer van alle vlees.

Les: Geloof betekent de hand van Hashem vasthouden in het dal van ziekte — hetzij door artsen, medicijnen of wonderen.

De Lege Wieg: Emuná door Tranen (אמונה)

"קַוֵּה אֶל ה׳, חֲזַק וְיַאֲמֵץ לִבֶּךָ, וְקַוֵּה אֶל ה׳."
"Hoop op Hashem, wees sterk en laat je hart moed vatten, en hoop op Hashem."
(Tehillim 27:14)

De Pijn van het Wachten

In een klein dorpje bij Minsk woonden Sjloime en Dvora, een jong echtpaar dat vijf jaar getrouwd was zonder kinderen. Hun huis was netjes, gevuld met boeken en warmte, maar in één hoek stond altijd de stille pijn: de lege wieg bij het raam.

De buren probeerden hen te troosten, maar vaak deden hun woorden pijn. *"Bid harder,"* zeiden sommigen. Anderen fluisterden: *"Misschien zijn jullie het niet waard."* Het echtpaar glimlachte beleefd, maar elke nacht werden hun kussens nat van tranen.

De Keuze voor Geloof

Op een lentedag kwam Sjloime thuis uit de beit midrasj met rode ogen. "Dvora," zei hij, "de Rav sprak vandaag: dat emuná niet geloven is wanneer Hashem geeft, maar juist wanneer Hij onthoudt. Ik wil dat wij die waarheid leven."

Vanaf die avond begonnen ze wezen uit te nodigen aan hun Sjabbes-tafel. Ze vulden de lege wieg met opgevouwen kleren en speelgoed om weg te geven.

Hun huis klonk van kinderlijk gelach — niet hun eigen kinderen, maar toch gelach.

De buren vroegen zich af: *"Waarom raken ze niet wanhopig?"* Maar Sjloime en Dvora antwoordden: *"Hashem is ons niet vergeten. Totdat Hij onze schoot opent, openen wij onze deur."*

De Lange Weg

De jaren gingen voorbij. Hun haren werden grijs, hun stappen trager. Ze stopten nooit met bidden, maar ook nooit met geven. Tientallen kinderen herinnerden zich hun huis als het warmste van het sjtetl. Sommigen noemden Dvora zelfs *"Mama Dvora,"* ook al had zij nooit gebaard.

Toch bleef, in de stille momenten, de wieg bij het raam pijn doen. Geloof wist de pijn niet uit, maar gaf de kracht om hem te dragen.

De Ongeziene Zegen

Op een winteravond brak er brand uit in het dorp. Vlammen verwoestten huizen; gezinnen vluchtten de sneeuw in. Het was het huis van Sjloime en Dvora — stevig, altijd open — dat een toevlucht werd. Ze legden kinderen in de wieg, niet hun eigen, maar gered uit de vlammen. Ze voedden, kleedden en stelden tientallen gerust.

Later zei de Rav: *"Zien jullie? Hashem gaf jullie kinderen — niet één, maar velen. De wieg is nooit leeg geweest. Zij wachtte op haar ware bestemming."*

De Nalatenschap van Emuná

Sjloime en Dvora kregen nooit eigen kinderen. Maar toen zij deze wereld verlieten, verzamelden zich honderden bij hun graf en huilden alsof het hun eigen ouders waren. En de woorden die het vaakst gefluisterd werden: *"Zij hebben ons emuná geleerd."*

Musar Reflectie

Hebreeuws:

אמונה איננה מבטיחה תוצאה מסוימת, אלא מחייבת לבטוח שגם היעדר — מלא בתכלית.
הקרבן הגדול ביותר יכול להפוך לברכה לאחרים, אם נישא אותו באמונה.

Vertaling:

Emuná garandeert niet de uitkomst die wij wensen. Het vraagt ons te vertrouwen dat zelfs afwezigheid vol betekenis is. Het grootste offer kan een zegen voor anderen worden, als het gedragen wordt met geloof.

Les: Geloof wordt niet gemeten aan wat wij ontvangen, maar aan hoe wij leven wanneer het lijkt alsof onze gebeden onbeantwoord blijven.

De Weg naar Nergens: Emuná in Ballingschap (אמונה בגלות)

"כִּי לֹא יִטֹּשׁ ה' אֶת עַמּוֹ.."
"Want Hashem zal Zijn volk niet verlaten."
(Psalmen 94:14)

De Verdrijving

In het jaar 1492, toen de Joden uit Spanje werden verdreven, stroomden families de wegen op, hun karren hoog opgestapeld met het weinige dat ze konden meenemen. Onder hen liep rabbi Eliyahu, een oude *melamed*, die zijn kleinkinderen bij de hand leidde. Zijn baard was wit, zijn rug gebogen, maar zijn ogen straalden met iets dat nooit gebroken was.

De wegen waren vol verdriet. Sommigen huilden, anderen vloekten, en weer anderen mompelden bitter: *"Hashem heeft ons verlaten. Waar is Zijn belofte?"*

Maar rabbi Eliyahu fluisterde Tehillim terwijl ze voortschuifelden; elk vers was een stap, elke stap een stille weigering om zich over te geven aan wanhoop.

De Nacht van de Honger

Op een avond, na dagen van reizen, hielden ze halt op een dor veld. Hun voedsel was op. De kinderen jammerden van honger; zelfs de sterkste mannen zaten stil, starend in het stof.

Een buurman riep uit: *„Rabbi, wat nu? We zijn verlaten, verraden!"*

Rabbi Eliyahu verzamelde de kinderen om zich heen en zei: *„Kinderen, onthoud dit: een Jood zonder brood kan overleven. Een Jood zonder emuná kan dat niet."*

Hij hief zijn handen op naar de hemel en zong zacht: *„Ani ma'amin — Ik geloof met volkomen geloof."* Langzaam voegden zich andere stemmen bij hem, totdat het hele veld weerklonk van gezang. De honger bleef, maar de wanhoop vluchtte.

De Verborgen Hand

Die nacht, terwijl het kamp sliep, naderden ruiters. Angst greep hen aan — maar het bleek een groep handelaars te zijn die de weg kwijtgeraakt waren. Toen ze de hongerige ballingen zagen, openden ze hun zakken en deelden brood en gedroogd fruit uit.

„Waarom delen jullie dit met ons?", vroegen de ballingen.

De leider haalde zijn schouders op. *„We waren van plan dit in de volgende stad te verkopen, maar een vreemde kracht trok ons hierheen. Misschien wilde Hashem het zo."*

Rabbi Eliyahu glimlachte door zijn tranen heen: *„Jullie zijn Zijn boodschappers. Hashem is Zijn volk niet vergeten."*

De Reis Gaat Verder

De ballingen bereikten de haven en voeren naar nieuwe landen. Velen droegen littekens van verlies met zich mee. Maar in elke nieuwe gemeenschap werd het verhaal verteld: hoe in de nacht van wanhoop het geloof hun pad verlichtte en brood kwam alsof het uit de hemel viel.

Rabbi Eliyahu leefde nog slechts enkele jaren, maar zijn kleinkinderen herinnerden zich zijn stem: *„Een Jood zonder brood kan overleven. Een Jood zonder emuná kan dat niet."* En zij leerden het hun kinderen, die het weer doorgaven aan de hunne, totdat het de hartslag werd van een zwervend maar ongebroken volk.

Musar-Reflectie

Hebreeuws:
בגלות ובאובדן, האדם עלול לחשוב שנעזב. אך האמונה מלמדת שגם בדרך לא ידועה, השגחת ה' הולכת לפנינו.

Vertaling:
In ballingschap en verlies zou men kunnen denken dat men verlaten is. Maar emuná leert dat zelfs op de weg naar nergens, de voorzienigheid van Hashem ons vooruitgaat.

Les: Ballingschap beproeft het lichaam, maar geloof houdt de ziel staande. Een Jood die emuná met zich draagt is nooit werkelijk zonder thuis.

De Psalm van de Soldaat: Emuna in Gevaar (אמונה בסכנה)

"Indien gij in Mijn inzettingen wandelt... dan zal Ik vrede in het land geven."
(Wajikra / Leviticus 26:3,6)

De vooravond van de strijd

Het was nacht. De hemel hing zwaar boven het legerkamp, en de lucht trilde van spanning. Een jonge Joodse soldaat zat op zijn rugzak, zijn handen gevouwen om een klein, versleten Tehillim dat hij al sinds zijn bar mitswa met zich meedroeg. Zijn moeder had hem dit boekje meegegeven met tranen in haar ogen:

"Mijn zoon," had ze gezegd, "je gaat misschien naar plaatsen waar ik je niet kan beschermen. Maar dit boekje, dit zijn de woorden die ons volk altijd hebben beschermd. Houd het vast. Zing eruit. Spreek eruit. Dan ben je nooit alleen."

Nu, midden in het kamp, hoorde hij het rumoer van soldaten, het tikken van metalen gereedschap, het klikken van geweren die werden geladen. Maar in zijn hoofd klonk alleen die stem van zijn moeder.

De stilte vóór de storm

Toen de eerste artillerie knalde, leek de grond zelf te beven. Hij kroop in een loopgraaf, drukte zijn rug tegen de aarde en voelde hoe angst door zijn lijf gierde. *"Waar is de vrede die de Tora belooft?"* fluisterde hij. *"Indien gij in Mijn inzettingen wandelt... Ik zal vrede geven."* Zijn verstand zei: *"Kijk om je heen: kogels, rook, doodsangst. Waar is hier vrede?"* Maar zijn hart zei: *"Misschien ligt vrede niet buiten jou, maar ín jou."*

De stem van Tehillim

Hij sloeg zijn Tehillim open, bijna vanzelf bij Psalm 23:

"Gam ki elech begej tsalmavet, lo ira ra, ki Atah imadi."
"Al ga ik ook door een dal van diepe duisternis, ik vrees geen kwaad, want U bent met mij."

De woorden kwamen niet meer uit de mond van een kind in een veilige sjoel. Ze kwamen uit zijn keel, hees, met tranen in zijn ogen, terwijl granaten rondom hem insloegen. En met elke letter leek zijn hart een muur van kracht te bouwen.

Dialoog van angst en geloof

Hij sloot even zijn ogen en hoorde als het ware twee stemmen in hemzelf.

De stem van angst zei:

"Je bent verloren. Niemand kan je hier redden. Dit is het einde."

De stem van *emunah* antwoordde:

"Ik ben nooit alleen. Mijn volk heeft eeuwenlang in donkerte gestaan—Egypte, Babel, Spanje, Auschwitz. Toch leef ik. Toch zing ik. Als zij konden overleven door geloof, kan ik dat ook."

Hij dacht aan zijn rebbe, die altijd zei: *"Emuna is geen luxe. Het is het wapen dat je draagt als al het andere je ontvalt."*

Een les van zijn vader

Plotseling herinnerde hij zich een avond thuis. Zijn vader had hem naar de sjoel meegenomen, en onderweg had hij hem verteld:

"Zoon, weet je waarom de Tora zegt: *'Ik zal vrede geven in het land'*? Omdat vrede niet vanzelfsprekend is. Het is een geschenk van Hasjem. Maar om dat geschenk te ontvangen, moet een mens leren vrede in zichzelf te dragen. Want wie geen vrede kent in zijn hart, zal het nooit in de wereld vinden."

Die woorden kwamen nu terug, als een licht in de duisternis.

De dageraad

De nacht leek eindeloos, maar uiteindelijk verscheen er een bleke gloed aan de horizon. Het schieten nam af, de rook trok langzaam op. De soldaat keek op en zag het eerste zonlicht door de wolken breken. Zijn lichaam was uitgeput, zijn uniform gescheurd, maar zijn ziel voelde lichter dan ooit.

Hij drukte het Tehillim tegen zijn lippen en fluisterde:

"Hasjem, U heeft mij geleerd dat vrede niet betekent dat er geen oorlog is. Vrede is dat zelfs in oorlog, mijn hart rust vindt in U."

Epiloog: Een psalm gegrift in het hart

Jaren later, toen hij weer veilig thuis was, vertelde hij dit verhaal aan zijn kinderen. Hij liet hen het kleine Tehillim zien, nog steeds zwartgeblakerd aan de randen van die nacht.

"Dit boekje," zei hij, "was mijn schild. Niet tegen kogels, maar tegen wanhoop. Onthoud kinderen: vrede begint niet met verdragen of legers. Vrede begint met *emunah*—met het vertrouwen dat Hasjem bij je is, waar je ook gaat."

En zo bleef de psalm van de soldaat niet alleen een herinnering aan een gevaarlijke nacht, maar een les voor alle generaties:
Zelfs in het dal van de schaduw van de dood, kan emuna het hart vullen met vrede.

De Lone Soldier – Het Offer van Arrelle

Uit de ass herrezen

Hij was nog maar een jonge man toen hij de poorten van de hel verliet. De kampen hadden hem alles ontnomen: zijn ouders, zijn broers en zussen, zijn dorp, zijn jeugd. Toen hij eindelijk bevrijd werd, stond hij alleen in de wereld. Geen huis, geen familie, geen toekomst – alleen de herinneringen die hem 's nachts wakker hielden.

Toch besloot hij: *ik zal leven*. En toen het nieuws kwam dat er een Joodse staat zou ontstaan, dat er land was waar het Joodse volk zichzelf kon verdedigen, wist hij waar hij heen moest. Hij vertrok naar Eretz Jisraël – uitgeput, gebroken, maar met één vonk in zijn hart: hoop.

In uniform

Hij kreeg een geweer in zijn handen gedrukt, een uniform dat nog veel te groot was, en een Hebreeuws bevel dat hij nauwelijks begreep. Hij sprak nog in Jiddisch en Pools, maar de taal van de oorlog had hij al te vaak gehoord – bevelen, geschreeuw, de geur van buskruit.

En toch voelde dit anders. Hier vocht hij niet om te overleven, maar om te bouwen. Dit was niet de oorlog van vernietiging, maar van opbouw. Het leger had hem een naam gegeven: *chayal boded* – een eenzame soldaat. Maar hij voelde zich niet eenzaam, want hij vocht voor zijn volk, voor een toekomst waarin kinderen in Jeruzalem konden lachen zonder angst.

De kameraadschap

In zijn eenzaamheid vond hij één vriend. Zijn naam was **Arrelle** – een jongen uit Jaffa, opgegroeid met de zee, met donkere ogen die altijd vonkten van levenslust. Ze konden nauwelijks met elkaar praten – de een sprak gebroken Hebreeuws, de ander slechts een beetje Jiddisch – maar ze begrepen elkaar zonder woorden. Ze deelden brood, deelden angst, en soms, heel even, deelden ze dromen.

Arrelle zei vaak:

"Luister, broer – jij hebt de kampen overleefd. Jij móét leven. Jij moet de wereld laten zien dat we niet allemaal gestorven zijn. Als er maar één van ons overblijft om te getuigen, dan is het de moeite waard."

De overlevende glimlachte zwak, maar zijn ogen vulden zich met tranen. Hij wist: Arrelle had gelijk.

De slag

Op een dag, in een bloedige veldslag rond Latrun, stormden ze samen vooruit. Kogels suisden om hen heen, de lucht was vol rook en geschreeuw. De lone soldier voelde hoe zijn lichaam verstijfde van angst – hij had dit al eens meegemaakt, in Europa, maar dit keer was er een verschil: hij vocht niet voor een kampcommandant, hij vocht voor zijn volk.

Plotseling klonk er een schot – scherp, dichtbij. De kogel was voor hem bestemd. Maar in een fractie van een seconde sprong Arrelle naar voren. Hij ving de kogel in zijn borst.

De lone soldier gilde zijn naam, maar het lawaai van de strijd slokte zijn stem op. Hij knielde naast hem neer, terwijl het bloed donker in de aarde trok.

Arrelle keek hem aan, zijn ogen nog altijd vol vuur, en fluisterde met zijn laatste adem:

"Leef... leef voor ons beiden. Jij moet het verhaal vertellen."

En toen werd het stil.

Een soldaat en een psalm

Na de slag stond de lone soldier alleen, met het geweer in zijn hand en een Tehillim in zijn borstzak. Hij sloeg het open en las met bevende stem:

"Lo amut ki echye, va'asaper ma'aseh Kah."
"Ik zal niet sterven maar leven, en de daden van Hasjem vertellen." (Psalm 118:17)

Die woorden werden zijn eed. Hij zou leven. Niet alleen voor zichzelf, maar ook voor Arrelle, voor allen die in de kampen en op het slagveld waren gevallen.

Epiloog

Jaren later, zittend in zijn huis in een bloeiende Israëlische stad, vertelde hij het verhaal aan zijn kleinkinderen. Hij wees naar de foto op de muur – een jonge man met donkere ogen en een eeuwige glimlach.

"Dit is Arrelle," zei hij zacht. "Hij gaf zijn leven zodat ik het mijne kon voortzetten. Vergeet zijn naam nooit. Want dankzij hem leef ik – en dankzij hem leven jullie ook."

En in die kamer, gevuld met kinderen en kleinkinderen, werd duidelijk: Arrelle's offer had vrucht gedragen. Het Joodse volk leefde.

IN SIX DAYS THE WORLD CHANGED FOR EVER:

Deel I – Voor de Storm

De soldaat heette Avi Shalev. Hij was eenentwintig, geboren in de jaren van hoop en angst die de nieuwe staat Israël vormgaven. Zijn ouders hadden de verwoesting van Europa overleefd en waren in Haifa aangekomen met slechts een koffer en hun onwankelbaar geloof dat het land van hun voorouders hen nieuw leven zou schenken. Avi groeide op in een bescheiden appartement boven een kruidenierswinkel, waar de muren de geur van sinaasappels en zeezout uit de nabijgelegen haven vasthielden.

Het leven in Israël in het begin van de jaren zestig was niet gemakkelijk, maar Avi herinnerde zich het als een tijd van vastberadenheid. Zijn moeder repareerde zijn hemden met dezelfde handen die ooit zware stenen hadden gedragen in een vluchtelingenkamp. Zijn vader, die zelden sprak over zijn jeugd, hield een siddur naast zijn bed, en elke avond fluisterde hij de Sjema in de stilte. Van zijn vader leerde Avi dat geloof niet uit woorden bestond, maar uit volharding. Van zijn moeder leerde hij dat liefde een daad van opbouw was — nog een maaltijd koken, nog een vloer vegen, zelfs als je lichaam pijn deed.

Toen Avi werd opgeroepen voor de IDF, stonden zijn ouders trots rechtop. Zijn vader omhelsde hem met tranen in zijn ogen en zei slechts: "Jij bent mijn antwoord aan Farao, aan Amalek, aan iedereen die zei dat we zouden verdwijnen."

Geruchten van Oorlog

In 1967 was Avi een parachutist, gestationeerd nabij de heuvels van Judea. Het nieuws verspreidde zich snel in de lente: Egypte verplaatste troepen naar de Sinaï, Syrië dreigde vanuit het noorden, en Jordanië hield wraakzuchtige toespraken. De lucht in de kibboetsim en steden was zwaar van spanning. Radio's schalden van de updates, en moeders fluisterden tegen elkaar op markten: *Zal dit het einde zijn?*

Avi schreef brieven aan zijn ouders, zorgvuldig om hen niet bang te maken.

"Maak je geen zorgen," krabbelde hij in zijn onregelmatige handschrift. "We zijn sterk. Hasjem is met ons. En we staan samen als broeders."

Maar 's nachts, liggend op het ruwe legerbed, gaf hij in zichzelf toe dat hij bang was. De cijfers waren somber. Israël had minder vliegtuigen, minder tanks, minder mannen. Hun vijanden hadden gezworen hen de zee in te drijven. Het jonge land was nog maar negentien jaar oud — nauwelijks meer dan een droom — en nu leek het alsof die droom zou uitdoven.

Het Wachten

Eind mei werden de soldaten vastgehouden op hun bases. Dagen werden weken. Avi en zijn eenheid trainden, poetsten hun wapens, controleerden hun parachutes keer op keer. Toch was de zwaarste last niet de wapens, maar de stilte. Het wachten.

In die dagen dacht Avi vaak aan Jeruzalem. Hij had haar nooit echt gezien. Hij was wel eens in de moderne westelijke wijken geweest — de cafés, de smalle straten — maar de Oude Stad lag achter de grens, in Jordaanse handen sinds 1948. Hij had gehoord van de Kotel, de laatste overblijfselen van de Beit HaMikdash, maar alleen uit boeken, uit gefluisterde verhalen van pelgrims en grootvaders. Voor hem was het bijna mythisch. Een muur van steen die de kreten van duizend jaar had gehoord, een muur die had gewacht op een volk dat verstrooid was en nu terugkeerde.

Wanneer hij met de andere soldaten bad, stelde hij zich die stenen voor. Hij vroeg zich af hoe het zou zijn zijn handpalm tegen hen te leggen, de Sjema te fluisteren in hun eeuwenoude scheuren.

Op een nacht, terwijl de mannen probeerden te slapen, begon een van de oudere reservisten, Moshe, zacht een melodie te neuriën. Het was het lied *Yerushalayim Shel Zahav*, het nieuwe lied van Naomi Shemer. De woorden zweefden zacht door de duisternis: *"De stad die alleen zit, en in haar hart — een muur."*
Avi kreeg kippenvel. Hij fluisterde tegen zichzelf: *"Zal ik haar ooit zien?"*

Afscheid

Op 4 juni kwamen de orders. Oorlog was niet langer een kwestie van *of*, maar van *wanneer*. Avi kreeg vierentwintig uur verlof om zijn ouders te zien. Hij nam de bus naar Haifa. De straten waren stiller dan hij zich herinnerde; zelfs de kinderen leken ingetogen, alsof ook zij het gewicht van het moment begrepen.

Zijn moeder had de tafel vol eten gezet, hoewel ze nauwelijks zelf at. Ze zat tegenover hem, zijn gezicht bestuderend alsof ze het in haar geheugen wilde branden.

"Je komt terug," zei ze beslist, al trilde haar stem. "Onthoud, je draagt generaties met je mee."

Zijn vader liep met hem mee naar de deur. Lang stonden ze zonder woorden. Toen legde zijn vader zijn handen op Avi's hoofd, als een kohen die een zegen geeft.

"Moge Hasjem je uitgaan en je terugkomen bewaren. En als je de Kotel ziet," fluisterde hij, "kus hem ook voor mij."

De Ochtend van de Oorlog

Bij dageraad op 5 juni doorbraken sirenes de stilte. De oorlog was begonnen. Egyptische vliegtuigen werden op de grond vernietigd in een bliksemaanval, en al snel verspreidden de gevechten zich naar elk front. Avi's eenheid werd naar het centrum verplaatst — Jeruzalem riep.

De rit was gespannen, vol stof en de geur van zweet en olie. Tanks bulderden over de wegen, soldaten riepen naar elkaar, jeeps raasden voorbij met bevelen. Avi klemde zijn geweer vast, zijn knokkels wit.

Jeruzalem. Hij wist nog niet of hij haar zou overleven, of dat zij het laatste zou zijn wat zijn ogen zouden zien.

Maar in zijn hart droeg hij de zegen van zijn vader, de blik van zijn moeder, en iets dat ouder was dan beide: de herinnering van een volk dat altijd had gedroomd van terugkeer.

En zo rukten de parachutisten op, de storm van de geschiedenis tegemoet.

Deel II – De Strijd om Jeruzalem

De Stad Binnen

Het gebulder van artillerie vulde de lucht terwijl Avi's eenheid Jeruzalem naderde. De heuvels rondom de stad waren bezaaid met bunkers, prikkeldraad en Jordaanse scherpschutters die het terrein goed kenden. Al negentien jaar was de Oude Stad afgesloten, en nu kregen de parachutisten de onmogelijke opdracht: doorbreken en terugkeren naar het hart van het Joodse volk.

De vrachtwagens stopten bij de Mandelbaum-poort. Avi sprong naar beneden, zijn laarzen sloegen een doffe klap op het stoffige wegdek. Om hem heen stelden mannen hun helmen af, controleerden hun geweren, trokken riemen strakker. Het bevel ging langs de linie: vooruit.

Elke hoek was een bedreiging. De Jordaniërs hadden elk steegje en dak versterkt. Terwijl Avi's groep zich voortbewoog, ketsten kogels tegen de muren, en stof regende neer. Ze renden gehurkt, dicht tegen de stenen huizen aan, hun adem kort, hun harten razendsnel.

Moshe, de oudere reservist, fluisterde hees:
"Blijf dicht bij elkaar, jongens. Vergeet niet — dit is niet zomaar oorlog. Dit is Yerushalayim."

Ammunitieheuvel

De hevigste strijd vond plaats bij Givat HaTachmoshet — de Ammunitieheuvel. De Jordaniërs hadden een complex stelsel van bunkers en loopgraven aangelegd, bemand door elitetroepen. Het innemen van deze heuvel was de sleutel om de weg naar de Oude Stad te openen.

Om middernacht kreeg Avi's eenheid het bevel: bestorm de heuvel. Duisternis omgaf hen toen ze optrokken, maar lichtkogels verlichtten de hemel en maakten de nacht tot dag. Mitrailleurvuur barstte los, kogels suisden rakelings langs hun helmen. Mannen vielen neer, schreeuwend, bloedend.

Avi wierp zich in een loopgraaf en landde hard op zijn schouder. Een Jordaanse soldaat sprong op hem af met een bajonet. Avi's geweer haperde; paniek golfde door hem heen. Maar zijn instinct nam het over — hij sloeg met de kolf van zijn wapen en sloeg de vijand achteruit. Schoten klonken naast hem toen een andere parachutist, Yossi, hem dekte.

"Beweeg, Avi!" riep Yossi, het zweet gutste langs zijn gezicht.

Ze drongen verder, granaat na granaat, loopgraaf na loopgraaf. De grond daverde, hun oren suisden van de explosies. De geur van kruit en bloed vermengde zich met de vochtige aarde. Urenlang vochten ze man tegen man, kruipend, schietend, biddend.

Bij dageraad viel de stilte neer. De Ammunitieheuvel was van hen, maar tegen een vreselijke prijs. Tientallen kameraden lagen stil achter. Avi zakte neer tegen een zandzakmuur, zijn handen trilden toen hij een sigaret aanstak uit een gevallen officier's pakje. Hij had geen woorden. Alleen het besef dat elk leven dat verloren ging deel was van iets groters.

Het Bevel tot Vooruitgang

De volgende dag, 7 juni, kwam het bevel: "Parachutisten, voorwaarts naar de Oude Stad."

De mannen konden het nauwelijks geloven. Avi voelde zijn borst samentrekken. De Oude Stad — dat labyrint van steen, sinds '48 afgesloten, verboden voor Joden. Zijn vader had er met eerbied over gesproken, alsof het een andere wereld was. En nu, uitgeput en gehavend, kregen zij de opdracht om haar te heroveren.

De eenheid trok door de smalle straten van Oost-Jeruzalem. Het geluid van geweervuur weerklonk tegen de muren, vermengde zich met de denkbeeldige echo's van gebeden die nog steeds aan de stenen kleefden. Avi keek omhoog en zag de gouden koepel glanzen in de morgenzon. Daarachter, ergens verborgen, lag de Kotel.

De Leeuwenpoort

Hun toegangspunt was Sha'ar HaArayot — de Leeuwenpoort. Tanks kwamen knarsend tot stilstand; de parachutisten sprongen eruit, geweren geheven. Avi's laarzen sloegen neer op de straatstenen terwijl ze door de oude poort stormden, kogels ketsten af tegen de muren.

"Kadima!" riep hun commandant, Motta Gur. "Vooruit!"

Door kronkelende steegjes renden ze, het geknal van geweerschoten achtervolgde hen. Avi's hart bonsde, niet alleen van angst maar ook van ontzag. Elke steen leek levend, fluisterend: *We hebben op jullie gewacht.*

Ze bereikten de Via Dolorosa. Deuren klapten dicht, ramen sloten zich terwijl ze optrokken. Stof wervelde om hen heen, vermengd met de scherpe rook van explosieven. Elke hoek kon een vijand verbergen, elk dak een sluipschutter.

En toch voelde Avi, terwijl ze dieper gingen, iets dat groter was dan angst. Alsof onzichtbare handen hen voortstuwden, hun vermoeide benen droegen, hun richten versterkten.

Slachtoffers en Moed

Dicht bij de kerk van St. Anne barstte plotseling een salvo los dat hun colonne doorsneed. Avi dook achter een stenen muur. Yossi, die hem op de Ammunitieheuvel had gered, kermde en viel. Avi kroop naar hem toe en trok hem terug. Bloed kleurde zijn uniform rood.

"Ga," hijgde Yossi, terwijl hij Avi's mouw greep. "Blijf niet voor mij. Yerushalayim... wacht."

Avi's keel kneep samen. Hij drukte Yossi's hand en fluisterde de Sjema in zijn oor. Toen stond hij op, zwaar van verdriet, en ging verder, elke stap een belofte om Yossi's woorden te dragen.

Richting de Tempelberg

Het geluid van de gevechten begon te verstommen. Geruchten verspreidden zich door de linie: de Jordaniërs trokken zich terug. De Oude Stad ging open voor hen. Avi's borst brandde van uitputting, maar hij voelde zich getrokken door een onzichtbaar koord.

Plotseling sloeg de colonne een hoek om — en daar was het. De Tempelberg lag voor hen, uitgestrekt en gouden onder de brandende zon. En daarachter, verborgen maar dichtbij, wachtte de Muur.

Avi stond stil, ademloos. Hij had dit moment gedroomd in gefluisterde gebeden, in kinderlijke verhalen, in de trillende stem van zijn vader. Nu was het tastbaar.

De stem van hun commandant klonk door de radio, woorden die in de geschiedenis zouden weerklinken:
"Har HaBayit beyadeinu! De Tempelberg is in onze handen!"

De mannen juichten, huilden, omhelsden elkaar. Avi veegde stof en zweet van zijn gezicht, zijn hart vloog omhoog. Maar hij wist: dit was nog niet het einde. Hij moest het zelf zien. Hij moest de stenen aanraken die eeuwenlang hadden gewacht, zwijgend maar trouw.

De Kotel was dichtbij.

Deel III – Bij de Kotel

De Poort naar het Hart

De zon stond hoog toen de paratroepers zich een weg baanden door de smalle stegen. Elke stap weerklonk tegen eeuwenoude stenen, doordrenkt met verhalen en tranen. Avi voelde hoe zijn benen zwaar waren, maar zijn ziel licht. Hij wist dat hij op weg was naar het hart van zijn volk.

De geluiden van gevecht stierven weg. Hier en daar hoorden ze nog een enkel schot, maar de Oude Stad was praktisch in hun handen. De radio krakelde: "Het gebied is veilig. Vooruit naar de Kotel."

Avi's adem stokte. Hij voelde zijn hart sneller kloppen. *De Kotel. De Muur. De laatste getuige van het Huis dat wij verloren.*

Het Eerste Zicht

Ze draaiden een hoek en kwamen op een open plein. En daar, voor het eerst in zijn leven, zag Avi hem: de Kotel.

Hoog, majestueus, vol scheuren waarin duizenden briefjes en gebeden zich in de loop der eeuwen hadden genesteld. Vogels cirkelden boven de stenen, alsof ze wachters waren die nooit waren weggegaan.

Avi kon zijn ogen niet afwenden. Hij liep langzaam, alsof zijn voeten niet helemaal durfden. Toen hij dichterbij kwam, vulden zijn ogen zich met tranen. *Dit is het. Dit is waar mijn vader van droomde, waar mijn moeder voor bad, waar generaties naar verlangden.*

Rondom hem barstten soldaten in tranen uit. Sommigen vielen op hun knieën, anderen sloegen hun handen tegen de muur en snikten luid. Een officier blies op een sjofar; het geluid sneed door de lucht, rauw en krachtig, alsof de ziel van het volk zelf door de eeuwen heen antwoord gaf.

Avi's Aanraking

Avi stond eindelijk vlak voor de stenen. Hij stak zijn hand uit. Zijn vingers trilden toen ze de koele, ruwe muur raakten. Hij drukte zijn voorhoofd ertegen, sloot zijn ogen en fluisterde:

"Lo amut ki echye, va'asaper ma'aseh Kah. Ik zal niet sterven, maar leven, en de daden van Hasjem vertellen."

Hij dacht aan Yossi, die achterbleef, aan de jongens die nooit meer zouden terugkeren. Hij dacht aan zijn vader die had gezegd: *'En als je de Kotel ziet, kus hem ook voor mij.'*

Avi kuste de steen. "Abba," fluisterde hij, "dit is voor jou."

Een Gebed uit Eeuwen

De stilte die volgde was geen gewone stilte. Het was alsof hij de stemmen van eeuwen hoorde. De fluisteringen van Joden uit Spanje, uit Polen, uit Jemen, die allemaal hun tranen in deze stenen hadden achtergelaten.

Hij voelde zich niet langer een jonge soldaat, bezweet en uitgeput. Hij was deel van iets oneindig groters: een ketting van zielen die nooit was gebroken.

Een rabbijn die zich bij de soldaten had gevoegd, hief zijn stem: *"Baruch ata Hashem, shehecheyanu, vekiyemanu, vehigiyanu lazman hazeh."* Gezamenlijk antwoordden de soldaten "Amen", hun stemmen gebroken van emotie.

Brieven in de Scheuren

Avi haalde uit zijn borstzak een briefje dat hij in de dagen van wachten had geschreven. Slechts enkele woorden: *"Geef vrede aan mijn volk. Geef kracht aan mijn ouders. Vergeef mij als ik niet terugkeer."*

Met trillende vingers stopte hij het tussen de stenen. Toen leunde hij opnieuw voorover en voelde een diepe vrede over zich heen dalen. Voor het eerst sinds weken ademde hij volledig uit.

Broeders aan de Muur

Soldaten stonden zij aan zij, armen om elkaars schouders. Sommigen zongen zacht *Ani Ma'amin*, anderen fluisterden psalmen. Sommigen zwegen, maar hun tranen spraken.

Moshe, de reservist die vaak had gezongen, legde zijn hand op Avi's schouder. "Weet je wat dit betekent, jongen? Wij zijn de eerste generatie in tweeduizend jaar die hier niet als vreemdelingen staan, maar als bevrijders."

Avi knikte, maar kon niets zeggen. Zijn keel zat dicht.

De Eed

Die middag, terwijl de zon haar gouden licht wierp over de Muur, sloot Avi een eed in zijn hart. Hij zou leven. Niet alleen voor zichzelf, maar voor Yossi, voor alle gevallenen, voor zijn ouders en voor generaties die dit moment nooit hadden mogen zien.

Hij zou hun verhaal vertellen. Hij zou getuigen dat de droom niet gestorven was. Dat een muur van steen, oud en gescheurd, opnieuw het hart van een levend volk had verwelkomd.

Deel IV – Epiloog en Nalatenschap

Jaren Later

Veel jaren gingen voorbij sinds die zes dagen die de loop van de geschiedenis veranderden. Avi Shalev werd ouder, kreeg kinderen, en uiteindelijk kleinkinderen. Het soldatenuniform hing al lang niet meer aan de kapstok; in plaats daarvan droeg hij een bril, liep hij langzamer, en glimlachte hij vaker. Toch droeg hij in zijn hart altijd de geur van stof en buskruit, het geluid van sirenes, en bovenal het beeld van de Kotel op die dag dat hij hem voor het eerst had gezien.

Hij woonde in een bloeiende stad in Israël, omringd door de geluiden van spelende kinderen, het geroezemoes van markten, en het leven van een volk dat herrees. Soms zat hij in zijn woonkamer en keek naar de foto's aan de muur — foto's van jonge soldaten, van zijn ouders, en van de dag waarop hij zijn hand op die eeuwenoude stenen legde.

Het Vertellen van het Verhaal

Op sjabbatmiddagen riepen zijn kleinkinderen vaak:
"Zeide, vertel nog eens over de oorlog. Vertel over Jeruzalem."

Avi glimlachte en ging in zijn stoel zitten, terwijl de kinderen om hem heen op de vloer neerploften. Hij haalde diep adem, en begon opnieuw zijn verhaal: van de angst in de lente van 1967, van de stilte op de bases, van de strijd op de Ammunitieheuvel, van de Leeuwenpoort, en tenslotte van de Muur.

Hij beschreef hoe de stenen koud en ruig aanvoelden onder zijn hand, hoe de tranen niet ophielden, hoe de sjofar klonk alsof de hemel zelf meezong. De kinderen luisterden ademloos, hun ogen groot, alsof ze door zijn woorden heen die dag opnieuw konden zien.

De Naam die Niet Verdwijnt

Op de muur van Avi's woonkamer hing een ingelijste foto. Het was niet van hemzelf, maar van Yossi, zijn kameraad die in de straten van Jeruzalem was gevallen. Steeds wanneer hij het verhaal vertelde, wees Avi naar de foto.

"Dit is Yossi," zei hij zacht. "Hij redde mijn leven, en gaf zijn eigen leven opdat wij de Muur zouden bereiken. Vergeet zijn naam nooit. Want elke keer dat ik de Kotel aanraak, draag ik ook zijn herinnering met mij mee."

Zijn kleinkinderen knikten ernstig. Voor hen was Yossi geen verre figuur uit een geschiedenisboek, maar iemand die deel uitmaakte van hun familie, van hun bestaan.

Een Levend Getuigenis

Op een dag bracht Avi zijn hele familie naar Jeruzalem. Samen liepen ze door de smalle steegjes van de Oude Stad, langs dezelfde stenen waar hij ooit met zijn wapen had gerend. Hij hield de kleinste handjes van zijn kleinkinderen vast, en zijn ogen vulden zich opnieuw met tranen.

Toen ze het plein bij de Kotel bereikten, bleef Avi staan. Hij liet de kinderen vooruit rennen, zag hoe zij hun handjes tegen de muur legden, hoe ze fluisterden, hoe ze lachten.

Hij liep zelf langzaam naar voren, legde opnieuw zijn hand tegen dezelfde steen die hij decennia eerder had gekust, en fluisterde:
"Dank U, Hasjem. U hebt ons teruggebracht. U hebt mij laten leven."

De Nalatenschap

Die avond, terug in zijn huis, schreef Avi in zijn dagboek:

"Wij waren jong en bang. Wij vochten omdat wij moesten, maar ook omdat wij geloofden. De wereld dacht dat wij niet zouden overleven. Toch staan wij hier. De Kotel staat niet alleen meer. Het Joodse volk leeft, en mijn kinderen en kleinkinderen zijn mijn bewijs."

Hij sloot het boek, blies de kaarsen uit, en glimlachte. Want hij wist: de muur van steen had zijn verhaal opgenomen, en zou het blijven fluisteren door de generaties heen.

Slot

De echo van de sjofar die dag bleef in Avi's ziel tot zijn laatste adem. En telkens wanneer nieuwe generaties hun hand op de Kotel leggen, herhalen ze in stilte dezelfde woorden die hij daar voor het eerst fluisterde:

"Lo amut ki echye, va'asaper ma'aseh Kah — Ik zal niet sterven maar leven, en de daden van Hasjem vertellen."

Zo werd Avi's leven niet alleen dat van een soldaat die een oorlog overleefde, maar van een getuige — een levende brug tussen het verleden en de toekomst.

En in die toekomst, in de lach van zijn kleinkinderen en in het zingen van liederen bij de Muur, lag het antwoord op alle angst en alle offers: **Het Joodse volk leeft.**

De Jom Kippoer-oorlog —

Hoofdstuk 1 — De dag van stilte

Op de ochtend van Jom Kippoer hielden de straten van Jeruzalem hun adem in.

Luiken hingen half neergelaten tegen de witte hitte, katten sliepen in lange stroken licht, en de oude stenen leken hun koorts te laten zakken onder het gefluister van het gebed. In synagogen door de hele stad vlochten fluisteringen zich samen tot smeekbeden, tot lofzang. Het land was één enkele, teer in evenwicht hangende vlam.

Avi Cohen, achtentwintig jaar, echtgenoot, vader, tankcommandant in de 7e Brigade, stond gewikkeld in zijn talliet naast zijn vader. De sjaal viel als duivenvleugels over zijn schouders. Toen hij "Avinoe Malkeinoe" fluisterde, brak zijn stem—zacht, bijna dankbaar—als bij een man die heeft geleerd vragen te dragen waarop geen antwoord bestaat. Achter de mechitsa zat Miriam met hun kleine dochter, Tamar, die met een vingertop over de reliëfletters van de machzor streek, alsof de gouden inkt haar huid kon verwarmen.

Hij dacht aan het voorbije jaar: Tamars eerste dag op de gan; de gebarsten radiator in hun kleine appartement die de hele winter siste als een grillige slang; de tankoefeningen in het zomerse stof waar de Golan zich uitstrekte als een slapend beest. Hij dacht aan beloften: geduld te hebben, moedig te zijn, thuis te komen.

De gebedsruimte zwol aan met *Unetaneh Tokef*. "Wie door vuur, wie door water…" De woorden waren een spiegel en een zwaard. Avi's vingers klemden zich om de houten bank alsof hij de hele wereld daar kon verankeren, haar kon beletten te draaien.

De soldaat in olijfgroen kwam binnen tijdens *Moesaf*. Geen stampende laarzen. Geen dichtslaande deur. Hij bleef net binnen de drempel staan, alsof hij niet zeker wist of hij iets heiligs had stukgemaakt. Zijn lippen bewogen aan het oor van de rabbi; de ogen van de rabbi sloten zich. Hij liet zijn blik langs de mannenafdeling glijden tot zijn ogen Avi vonden.

"*Tsav sjmoné*," zei de rabbi zacht, een trilling in zijn baard. "Noodoproep."

Miriams ogen rustten al op hem, wijd en toch vastberaden. Ze streek Tamars haar achter haar oor, kuste het hoofdje van hun dochter, en stond op. Ze ontmoetten elkaar in het smalle gangpad naast de vrouwenafdeling.

"Ik kom terug," zei hij.

"Je komt terug," antwoordde ze, en het woord lag tussen hen in als een gebed en een afspraak.

Buiten had de lucht die hoge, witte stilstand die alleen bij vastendagen hoort. Een kind op een driewieler hield stil om naar de groene vrachtwagen te staren die stationair bromde langs de stoep. Iets verderop oefende een verre sirene haar ene, dalende toon—en zweeg. Avi klom achterin, de deur klapte dicht, en de stad gleed weg.

In de vrachtwagen zaten andere mannen zwijgend bij elkaar, tallietot opgevouwen als overgegeven zeilen op hun schoot. Toen de radio kraakte, tikte de chauffeur hem uit reflex uit, vergetend dat dit niet sjabbat was maar iets zwaarders—een dag waarop zelfs adem een gewicht heeft. De vrachtwagen klom en daalde, reeg zich door de ruggengraat van het land. Toen ze een kleine mosjav passeerden, stonden families langs de weg, in het wit gekleed en vastend. Een vrouw hief een hand—niet precies een zwaai, niet precies een zegen—en drukte haar vingers tegen haar lippen.

Op dat moment voelde Avi de eerste haarfijne barst door de dag lopen.

Om 14.00 uur, terwijl hij in het pantserdepot in zijn uniform stapte, spleet de hemel open met het geluid van artillerie. Het was eigenlijk geen geluid; het was een drukverandering, het inklappen van afstanden. Het was Egypte dat achter een muur van vuur het Suezkanaal overstak. Het was Syrië dat een stalen vuist over de Golan uitrolde. In het zuiden lichtte de Bar-Lev-linie op als een rij aangestreken lucifers. In het noorden rolden meer dan duizend tanks op minder dan tweehonderd af.

De seinist werd lijkbleek. "Ze hebben ons op Jom Kippoer geraakt," zei hij, alsof het benoemen ervan het kleiner kon maken.

Avi liet zijn dogtags over zijn hoofd glijden en voelde de koude kus op zijn borstbeen. Hij knoopte zijn hemd dicht, schoof zijn arm in de jas, en dacht, absurd genoeg, aan hoe Miriam die zou uitschudden wanneer hij hem vochtig over de stoel hing. "Je laat het hele huis beschimmelen," zou ze hem plagen, grijnzend. Hij stopte die herinnering als een talisman in zijn zak en rende naar de tankschuren.

Hoofdstuk 2 — Eerste vuur

De Golan draagt in de schemer de kleur van oud koper. De basaltvelden ademden de hitte van de dag al uit toen Avi's compagnie oostwaarts rolde, rupsbanden die de weg opkauwden, motoren die lage, ijzeren psalmen bromden. Stof drapeerde alles in hetzelfde vermoeide oranje: de colonnes tanks; de pezig gespierde jongens die erop zaten; de amandelbomen die zich tegen de wind in bogen.

"Shlomo, jij op het kanon," zei Avi, terwijl hij in de commandantenkoepel zakte. "Yitzhak, munitie—vandaag snelle handen. Eyal, hou die afstanden eerlijk."

"Jawel, commandant," klonk het koor—het geoefende ritme van mannen die uit dezelfde pot hebben gegeten, dezelfde instructeurs hebben vervloekt, elkaars slechte grappen en betere gewoonten hebben leren kennen. Eyal tikte met een knokkel op de afstandsmeter. "Eerlijk genoeg," mompelde hij.

De eerste granaten vonden hen toen ze een lage rug opliepen. Licht scheurde de schemer op honderd meter links van hen open—een inslagbloem, wit in het midden, aarde die als vreugdeloos vuurwerk omhoog spatte. Shlomo vloekte zacht; Avi corrigeerde hem niet. Hij boog zich in zijn periscoop.

"Kolonne op één uur," zei Eyal. "Afstand: twaalf-vijftig."

"Identificeren," beval Avi, al wist zijn lichaam het al. De silhouetten waren onmiskenbaar—slangenachtige schouders, zware snuiten, kruipend in een geduldige lijn.

"T-62's," zei Shlomo. "Veel."

"'Veel' is geen model," mompelde Yitzhak, terwijl hij de eerste granaat heftte. Zijn handen waren snel en kalm—zoals die van een slager, zoals die van een vroedvrouw.

"HEAT laden," zei Avi. "Traverse… links—links—houd—markeer. Vuur."

De tank beefde op een manier die door je botten omhoog kroop en achter je ogen bleef steken. Een ademtocht later tilde een Syrische koepel zich van zijn romp alsof hij het met de zwaartekracht opnieuw wilde proberen, om vervolgens neer te storten in een bloem van vuur. De bemanning juichte niet. Ze laadden opnieuw.

"Rechts—tweehonderd—houd—vuur."

Een andere tank vatte vlam.

De Syriërs, verrast door de felheid van een vijand die ze onvoorbereid en nuchter hadden verwacht, waaierden uit, hergroepeerden, drongen harder aan. De vallei—later zou ze een naam krijgen, een litanie van namen—gaapte als een mond. Rupsbanden schreven zwarte krulletters over de heuvels.

"Één uur, nadert! Afstand negenhonderd!" riep Eyal, zijn stem nu hoog.

"Vuur."

"Treffer!"

"Lader!"

"Gereed!"

"Traverse!"

De taal van de strijd was altijd kort. De gedachten echter niet. In de halve seconden tussen de bevelen verliet Avi's geest de periscoop en overbrugde mijlen. Hij zag het witte licht van de synagoge, de Ark die openstond als een kist van goud, de lippen van zijn vader die *Sjema Jisraël* vormden. Hij zag Miriams hand op Tamars hoofd, drie vingers breed, een kleine zon in de pezen van haar pols. Hij zag zichzelf als jongen, een sinaasappel schillend op de achtertrap, de schil die in één spiraal loskwam—belachelijk trots was hij daarop. Hij zag— elke visie zo scherp als het kruisvizier, en even snel weer weg.

Een zware granaat sloeg dichtbij in, te dichtbij, en de tank kwam een voet los van de grond en smakte weer neer. Alles binnenin luidde—roestvrij staal tegen bot en bot tegen geloof. Rook kronkelde naar binnen door naden die geen enkele ingenieur op tijd kon afdichten. Yitzhak kreunde. "Ik ben oké," voegde hij een seconde later toe, voordat iemand kon vragen.

Uren rekkten uit. De nacht verfriste hen niet. Hij werd een tweede huid van gruis en zweet. De groene lichtspoormunitie van de Syriërs trok rechte lijnen van boosaardigheid; de rode van de Israëli's antwoordde in sierlijk schrift. Mannen stierven in keurige flitsen en op lelijke manieren. Op het net stegen stemmen op, braken, verdwenen. Een compagniescommandant, wiens kalmte het ballast was geweest voor tien mannen, ademde zwaar in de microfoon, zei: "Dit is het, jongens, denk ik," lachte toen als een dwaas en zei: "Of niet," verplaatste zijn tanks dertig meter en schakelde drie T-62's achtereen uit alsof hij kaarten deelde.

Net voor zonsopgang vond een granaat Avi's tank.

Hij drong niet door—dankzij een hoek, een gebed, een moeder die ergens nog wakker zat met kaarsen—maar hij sloeg zo hard tegen de romp dat Avi's begrip van het woord 'treffer' opnieuw werd ingesteld. De radio viel uit. De optiek werd melkachtig. Een waaier van scherfjes stikte Yitzhaks dij. Hij merkte het pas toen hij de volgende granaat inschoof en een slakkenspoor van rood achterliet op de huls.

"Avi," zei hij, voor het eerst met kleine stem.

Avi keek omlaag. De tijd vertraagde, deed dat kunstje waarbij hij stroperig wordt en je je er met je handen doorheen kunt bewegen. Hij scheurde het EHBO-pakket open, wikkelde, knoopte; nog een zwachtel, nog een knoop—alles in de krappe hitte die altijd vaag rook naar metaal en oud brood. "Je blijft bij mij, Yitzhak," zei hij. "Begrepen?"

Yitzhak knikte één keer—de knik van een kind dat te horen krijgt dat het niet wordt achtergelaten—en nam zijn plek weer in bij de zundergat, met de plechtigheid van een priester die naar het altaar terugkeert.

Toen de tank uiteindelijk hoestte, schokte, uitviel, kreeg Avi hen naar buiten. Nachtlucht sloeg zijn longen in als een zegen. De tank achter hen brandde met de private, hongerige intelligentie van vuur; daarachter was de horizon een reeks flikkeringen die de randen van hoop en gevaar markeerden zonder onderscheid.

Hij sleepte Yitzhak naar de schaduw van een basaltmuur. De stenen waren nog warm van de dag. Hij peuterde de veldradio uit een dode tank twee posities verder en bracht hem met gegrom tot leven. "Hier Cohen, 7e Brigade, noordelijke sector," zei hij, kalmer dan hij zich voelde. "We houden stand. Munitie nodig. Alles nodig."

"Iedereen heeft alles nodig," zei de stem op het net, kort en droog. "Hou de linie."

Avi klikte uit en proefde de zin. Ze smaakte naar ijzer.

Hij klom in een tank waarvan de commandant gevouwen op het achterdek lag, ogen open naar een lucht die melkgrijs werd. "Vergeef me," zei Avi—want spreken is wat ons scheidt van alleen machines zijn—en gleed in de koepel. Hij tikte de radio aan. "Cohen, neem over: Drieëntwintig. Vorming op mij."

Drie tanks antwoordden. Toen vijf. Toen nog twee die hij in zijn sectie niet geteld had—aangetrokken als ijzerdeeltjes naar een magneet. Hij hoorde de mannen ademen. Hij hoorde zichzelf ademen, en de noordenwind die nooit leek te stoppen zodra hij opstak.

"Broeders," zei hij, "er is geen plek om heen te gaan die niet deze plek is. Achter ons ligt de Galil. Achter ons onze moeders. Achter ons Jeruzalem. Hier houden we stand."

In de oostelijke hemel brak het eerste lemmet van licht, dun als een belofte en net zo scherp.

Ze hielden stand.

Hoofdstuk 3 — De vallei keert om

De dageraad sneed de heuvels in vlakken van as en amber. De Golan ontwaakte op het geluid van motoren—geen vogelzang, geen gebed, maar de hardnekkige polsslag van machines die weigeren te sterven. Avi's geleende tank klepperde vooruit met zijn kleine sterrenbeeld van metgezellen. De lucht rook naar verschroeide olie en naar een paradox: angst en vastberadenheid, terreur en doelgerichtheid die in gelid samen opliepen.

"Ze drommen weer samen," zei Eyal, turend naar de horizon. Zijn stem vond het praktische register terug—de kalmte van een vakman. "Verre richel, lijn naast lijn—minstens twee dozijn."

Shlomo's kaak verstrakte. "Afstand dertienhonderd. We kunnen ze wel twee keer laten nadenken."

"Of boos maken," zei Yitzhak, en probeerde een glimlach die niet helemaal kwam.

Avi nam de keuze die leiders nemen wanneer perfecte opties een mythe zijn. "We gaan 'hull-down' op de rand. Vuur op mijn markering. Geen granaten verspillen. Onthoud—één schot, één waarheid."

Ze gleden in positie als wolven die zich tegen een richel aan laten zakken—net genoeg metaal zichtbaar om te bijten en dan terug te trekken. Door de periscoop zag Avi de Syrische linie oprukken met het zelfvertrouwen van getallen—een lange, bepantserde gedachte. Hij liet ze komen. Hij voelde zijn hartslag vertragen tot het oude ritme van richten, ademen, beslissen.

"Markeer," zei hij.

Shlomo vuurde. Eén tank hikte vlammen. Twee, drie vielen uit de lijn, terwijl rode lichtsporen als kwijl terugdruipten in antwoord. De wereld kromp tot een reeks vensters—periscoop, vizier, de twee duim breed lucht tussen bergen—en zette zich tegelijk uit tot alles wat achter hen lag: boomgaarden, keukens, meisjes die huiswerk maken bij lamplicht, jongens die te hard trappen over grintwegen, de duizend kleine ankers van een land.

Een granaat scheurde aarde van de rand op drie meter rechts van de koepel. Stenen rinkelden in de commandantskoepel als weggeworpen botten. Avi vertrok geen gezicht. Angst was inmiddels een bekende gast—onwelkom, maar niet verlamdend.

"Links twee graden. Sturen."

"Gereed."

"Vuren."

Uren verloren hun randen. Versterkingen kwamen in rafelige draden—een compagnie, dan een paar tanks die hinkend binnenkwamen als veteranen met wandelstokken. Munitiewagens schoten wanneer het kon, hielden in wanneer het moest; hun chauffeurs gaven bij elke schakeling blijk van leven. Over het net gonsden geruchten dat de luchtmacht zich weer in de hemel had geklauwd, dat de eerste golf was gestabiliseerd, dat elders mannen onmogelijke dingen deden zonder eraan te sterven. Je leerde goed nieuws te wantrouwen zoals je slecht nieuws wantrouwt—langzaam, behoedzaam—tot het hoe dan ook de waarheid onder je laarzen werd.

Tegen de middag sloop een Syrische tank door een wadi, op zoek naar een schot op hun flank. Eyal zag hem als eerste. "Vier uur, laag. Slinkse duivel."

"Niet slinks genoeg," zei Shlomo. Het kanon sprak. De geul bloeide oranje op; zwarte rook rolde uit als een vonnis.

"Tel je zegeningen," mompelde Yitzhak.

"Dat doe ik," zei Avi. "Hardop. *Modeh ani* op een halve long."

Ze lachten kort en absurd, het soort lach dat opborrelt wanneer het alternatief schreeuwen is. Hun adem besloeg de krappe ruimte en trok weer op. De tank zoemde, koppig en trouw als een naaimachine.

Tegen de late namiddag ebde de Syrische golf weg, wervelde nog even, en brak toen. De vallei die *Bik'at Hade'ma'ot*—de Vallei van de Tranen—zou gaan heten, hing onder de grijze waas van uitgeblazen kruit en de dierlijke stilte die op slachting volgt. Rookkolommen markeerden waar pantser was gestorven. De richel—die dunne, wrede leermeester—had opnieuw zijn werk gedaan: de geduldigen, de nauwkeurigen, het ogenschijnlijk onmogelijke begunstigd.

In de luwte klom Avi naar buiten en ging op de toren staan. De wind smaakte naar kopergeld. Ver beneden bewogen ambulanceploegen als nauwgezette engelen tussen wrakken en mannen. Hij zag een hospik knielen, twee vingers op een hals leggen, één keer het hoofd schudden en naar een deken reiken. Hij zag een ander—niet ouder dan Tamar over tien jaar—lachen van opluchting om een polsslag onder roet, en vervolgens huilen alsof hij water in de woestijn had gevonden.

Shlomo stak een veldfles omhoog. "Op thuis," zei hij.

Avi dronk, en liet lauwe wateren een luxe zijn. "Op thuis," herhaalde hij, en in zijn hoofd was dat woord geen plaats maar een verbond: een belofte dat deze hel iets betekende voorbij zichzelf.

De radio sprong aan met een andere toon—minder wanhoop, meer draad. Bevelen hadden nu bestemmingen. Linies verstijfden. Namen van commandanten keerden terug op het net; stemmen van wie men had gefluisterd dat ze gevallen waren, meldden posities in afgekapte lettergrepen. Een officier in de achterhoede, knokkels wit om zijn hoorn, sprak de zin die tegelijk zegen en uitdaging klonk: "We hebben gehouden."

Gehouden. Niet gewonnen—dat woord zou nog een tijd zuur smaken. Maar: gehouden.

De nacht kroop terug, eerst lavendel en daarna het diepe indigo dat mannen in schimmen verandert. Avi draaide de koepel één keer, langzaam, als een priester die een rituele cirkel sluit, en klom toen omlaag. Hij controleerde Yitzhaks verband, nu rood als een vlag. "Je gaat naar een dokter zodra dit 'morgen' wordt."

"Als het wordt," stemde Yitzhak in, alsof tijd een slinger was die de commandant zelf kon draaien.

Avi ging op de glacis liggen, helm onder zijn hoofd, de tank tikte na terwijl hij afkoelde. Boven hem trok Orion zijn riem van sterren uit de schede. Hij dacht aan het zuiden, aan de Sinaï, aan fluisteringen dat de lijn langs het kanaal was doorstoken en dat mensen—en naties—zich schoksgewijs heroriënteerden, verward en woedend. Hij dacht aan Miriam en Tamar die sliepen in een huis waar de nacht een nieuw gewicht had geleerd. Hij sprak tot de hemel alsof die een oor had dat gaf om wat hij zei: "Geef me nog één dageraad," fluisterde hij. "Daarna neem ik het over."

De dageraad kwam.

Hij bracht geen vrede. Hij bracht bevelen.

Hoofdstuk 4 — Water oversteken, namen tellen

"Zuid," zei de bataljonscommandant, leunend tegen de motorkap van een jeep en met een potlood in de kaart priemend. "We roteren pantser naar de Sinaï. Het noorden houdt stand. Het zuiden heeft tanden nodig."

De weg rolde onder hen af als een filmstrook die een andere oorlog toonde: stofduivels, plotselinge groene oases, het kanaal dat schitterde als een lemmet. De Sinaï is een land dat mannen tegelijk klein en oud doet voelen; elke duin een vraag, elk vlak een leugen. Ze passeerden colonnes in tegengestelde richting—gekreukte tanks uit de eerste dagen, ambulances die kilometers wegkauwden, bussen met reservisten met bleke ringen waar tefillien hadden gezeten.

Bij een verzamelgebied ten westen van Refidim parkeerde de brigade en haalde adem. Nieuwe munitie kwam aan. Nieuwe orders ook: Sharon tastte een oversteek af—het woord op ieders lippen als een onmogelijk gerucht—bruggen waarover werd gefluisterd als contrabande. De Egyptenaren hadden zich diep ingegraven, met raketten die de hemel tot een dodenveld maakten. Maar er ontstonden kieren. In oorlog zijn kieren deuren.

Tegen de schemer vond Avi een stille plek naast een acacia, de silhouet als een pentekening. Hij schroefde een thermos open die iemand in zijn handen had gedrukt en dronk koffie die smaakte naar metaal en genade. Hij haalde zijn notitieboek tevoorschijn—een klein ding dat Miriam in zijn uitrusting had gestopt—en schreef zonder naar de lijnen te kijken:

Mi sje'ana le'Avraham be'Har Hamoria, Hoe ja'ane oetanu. Hij die Abraham antwoordde op de berg Moria, moge Hij ons nu antwoorden.

Hij klikte de pen dicht. Hij vroeg niet om overwinning. Hij vroeg waardig te zijn als die zou komen.

De oversteek kwam als iets uit een verhaal waarvan oude mannen zweren dat het waar is. Rook werd in gordijnen gelegd. De luchtmacht sloeg gaten in de hemel en reeg erdoorheen. Genietroepen schoven bruggen in een rivier die zichzelf voor een grens had gehouden, en tanks kropen eroverheen met de behoedzame volharding van kevers. Lichtkogels verfden de wereld in theaterkleuren—wit, groen, bloedoranje—en schaduwen sprongen als acrobaten.

"Hou het strak," zei Avi. "Geen heldendaden. Het water vergeeft niet."

Aan de overkant voelde Egypte anders onder de rupsbanden. Het zand was hetzelfde, maar de hoek van de geschiedenis was verschoven. Ze duwden die verandering in zoals een schouder een deur openduwt. Tegenstand kwam—artillerie die de duinen liet rimpelen, antitankteams die opbloeiden en verdwenen als giftige bloemen. Het pantser rinkelde opnieuw; binnenin maten mannen hun geluk in inches en in fluisterende *Baroech Hasjem*.

Ze bereikten een wal waar een luitenant met slaapverloren ogen hen naar beneden wuifde. "Jullie zijn de Israëli's die bij daglicht oversteken?" vroeg hij, alsof hij een gerucht over engelen bevestigde.

"Alleen 's nachts," zei Avi droog. De man blafte een lach die hij niet meer in zich had vermoed.

Vechtend in Egypte smaakte anders dan op de Golan. De afstanden waren langer; de vormen van angst abstracter. Hier leerde je de wind lezen: hoe rook zich verheft en een verborgen kanon verraadt, de naad in een duin die op een greppel duidt. Hier leerde je nederigheid voor de vlaktes—geen richel om achter te kruipen, geen basaltmuur om je rug tegen te zetten terwijl je besluit niet te sterven.

Tegen het middaguur vonden ze luwte aan de lijzijde van een lage glooiing, terwijl artillerie het vlak voor hen kamde als vingers van een blinde reus. Shlomo, die zwoer dat hij niets met poëzie had, staarde naar de aarde en zei: "Zand herinnert." Niemand maakte hem belachelijk. Ze dachten allemaal aan voetstappen.

Tegen de avond arriveerde een koerier met een canvas tas; zijn motorfiets hoestte in protest. "Post," zei hij, alsof het woord hier kon bestaan. Hij overhandigde Avi een enkele envelop, met de herkenbare ronde hand van Miriam.

Geliefde, begon het. *Het hele land vast nog steeds, zelfs wie al gegeten heeft. We lopen zachter, we spreken stiller. Tamar vraagt wanneer je thuis bent. Ik zeg: als Abba de grote jongens klaar heeft geholpen om iets gebrokens te maken. 's Avonds steek ik een kaars aan en fluister jouw naam erin. Kom terug en maak ruzie met me over de lekkende gootsteen. Ik spaar elke ruzie op.*

Avi las hem één keer, twee keer. Hij stak de brief in zijn borstzak bij zijn dogtags, alsof het papier het hart eronder kon bepantseren. "Opgespaarde ruzies," zei hij tegen de bemanning. "Dat is een thuis."

"Beter dan opgestapelde afwas," zei Yitzhak.

"Niets is beter dan opgestapelde afwas," zei Eyal, die zijn portie in de keukentent had afgewassen en het wist.

Ze rukten opnieuw op, een rij zwarte insecten op een witte bladzijde. Ze schakelden een raketbatterij uit. Ze joegen een bevoorradingscolonne op. Ze zagen de kaart van kleur verschieten onder een vetkrijt—een trage opgewektheid die geleend en breekbaar aanvoelde. Op het net verschenen nieuwe woorden: *staakt-het-vuren, onderhandelingen*. Woorden die niet bij tanks horen—maar bij tafels en pennen en de aarzelende, vormeloze moed van mensen die elkaar gisteren nog doodden en nu proberen te bepalen wat ze met morgen zullen doen.

Toen het staakt-het-vuren eindelijk standhield, kwam het niet als een trompetstoot. Het kwam als een man die gaat zitten na te lang staan. De kanonnen zwegen niet; ze weken terug naar een afstand die je, als je wilde, kon ontkennen. Mannen ontspanden hun vuisten. De woestijn leek uit te ademen.

Avi parkeerde de tank en zette de motor af. De plotselinge stilte rinkelde. Hij klom omlaag met de stramheid van een veel oudere man en liep tot hij zicht kreeg op het water dat hij had overgestoken. Het lag daar, zo onschuldig als altijd, blauw als een belofte.

Hij haalde Miriams brief tevoorschijn, las de laatste regel nog eens, en fluisterde in de wijde, geduldige lucht: "Ik kom naar huis."

Jaren gingen voorbij, zoals altijd: niet als een rivier maar als een reeks kamers waarin je woont tot iemand een nieuwe deur opent. Avi werd grijs bij de slapen. Tamar leerde staartdelingen en daarna poëzie en daarna het verschil tussen mening en overtuiging. De houding van de tankcommandant verzachtte tot die van een vader; de scherpte van de commandant werd de zorg van een winkelier die potten precies op een plank uitlijnt. Hij droeg een nauwelijks opgemerkte hink. Hij sliep met het licht aan op de overloop.

Op Jom Kippoer stond hij elk jaar weer naast zijn vader—nu een oude man met een stem als perkament—en fluisterde het *Sjema*. Miriam kneep in zijn hand bij "*Ha'melech ha'joshev.*" Als de ark openging, vulden Avi's ogen zich onvermijdelijk, omdat herinnering een getij is dat gehoorzaamt aan een maan die je niet ziet.

Als hij tot schoolkinderen sprak, vertelde hij niet dat hij een held was. Hij vertelde over Shlomo's vaste handen, over Yitzhaks verband en koppige grijns, over Eyals getallen die levens redden. Hij vertelde over angst die niet weggaat en geloof dat dat evenmin doet. Hij vertelde dat moed niet de afwezigheid van angst is, maar de beslissing dat iets anders belangrijker is.

In zijn portemonnee hield hij een lijst met namen. Soms vouwde hij hem 's nachts open—niet omdat hij herinnerd moest worden, maar omdat hij aanwezigheid nodig had. Hij las ze met dezelfde stem waarin hij Miriams brief in de woestijn had gelezen: intiem, eerbiedig, ongelovig over het simpele feit van elke lettergreep.

Op een wintermiddag jaren later nam hij Tamar, bijna volwassen, mee naar het monument op de Golan, waar basalt is uitgehouwen met metaal en herinnering. De wind houdt daar nooit echt op. Ze stonden uitkijkend over de vallei die zoveel had genomen en gegeven.

"Abba," zei ze, terwijl ze haar arm in de zijne haakte, "wat heb je daar geleerd wat je nergens anders had kunnen leren?"

Avi dacht na. De vraag verdiende een precieze repliek. "Dat naties van heel kleine dingen gemaakt zijn," zei hij. "Niet van speeches of kaarten. Van hoe iemand een hand op iemands schouder legt wanneer het schieten begint. Van hoe een chauffeur zijn vrachtwagen centimeter voor centimeter onder vuur vooruit duwt omdat hij weet wat erin zit. Van brieven. Van ruzies die je bewaart voor later."

Tamar knikte. De wind trok een losse haarlok over haar mond; ze blies hem weg en glimlachte—nu met een vrouwenglimlach. "En heb je iets over God geleerd?"

Avi keek naar de hemel, bijna uit gewoonte. "Ja," zei hij. "Dat Hij—zoals de woestijn, zoals de Golan—zelden schreeuwt. Hij wacht. En in het wachten vraagt Hij wie wij van plan zijn te zijn."

Ze liepen terug naar de auto. De weg weg van de vallei kronkelde westwaarts, naar huis, naar avondeten, naar gewone barmhartigheden. De basalt hield zijn raad. De namen op de plaquettes verbleekten niet.

's Nachts, lang nadat Tamar naar de universiteit was vertrokken en Miriam was ingeslapen met een boek dat als een tent op haar borst lag uitgespreid, zat Avi aan de keukentafel. Hij schreef een brief aan niemand in het bijzonder en vouwde die bij de lijst in zijn portemonnee:

We waren jong en bang. We vochten omdat de deur achter ons de deur van onze kinderen was. De wereld dacht dat we zouden breken. Dat deden we niet. We bogen. We leerden de vorm van elkaars moed. We staken water over. We telden namen. We probeerden het waard te zijn.

Hij deed het licht uit en bleef in de deuropening staan, luisterend naar de adem van het huis. Een kleine tocht vleide zich door het raam naar binnen en tilde het gordijn op en liet het weer zakken—als een talliet over een slapend land.

Buiten rustte het land—onrustig, zoals altijd, en toch onmiskenbaar levend.

En ergens in het noorden hield de vallei haar sterren vast.

De Brug van Geloof: Emuna bij de Oversteek (אמונה במעבר)

"Wanneer je door het water gaat, Ik ben met je; en door de rivieren, zij zullen je niet overspoelen."
(Jesaja 43:2)

De Oversteek

In een bergdorp in Oost-Europa overspande een houten brug een woeste rivier. Handelaren vreesden hem, want de planken waren verrot en de stroom daaronder verslond alles wat erin viel. Toch was de brug het enige pad naar de markt.

Reb Yitzchak, een leraar die nauwelijks genoeg had om zijn gezin te voeden, moest oversteken. Zijn zak vol boeken drukte zwaar op zijn rug, en de hongerige gezichten van zijn kinderen drukten nog zwaarder op zijn hart. Aan de rand van de brug aarzelden de kooplui, fluisterend over het gevaar. Yitzchak fluisterde Tehilliem.

De Angst

Toen hij de krakende planken betrad, greep de angst hem vast. Elke kreun van het hout leek zijn geloof te bespotten. Halverwege de brug stak de wind op, de rivier brulde nog harder, en paniek dreigde hem terug te drijven.

Maar toen herinnerde hij zich de woorden van zijn vader: *"Wanneer Hashem je roept om over te steken, is de brug sterker dan hij lijkt. Kijk niet naar het water — kijk naar de Hand die je erboven houdt."*

Yitzchak sloot zijn ogen, greep de touwen vast en zong zacht: *"Hashem li, lo ira"* — *"Hashem is met mij, ik zal niet vrezen."*

De Stap van Emuna

Met elke stap werd zijn gezang luider. Andere reizigers, bevroren aan de rand, hoorden hem en vonden moed. Eén voor één volgden ze hem, hun stemmen voegden zich bij de zijne. De brug bleef beven, maar de angst heerste niet langer.

Toen ze de overkant bereikten, omhelsden de kooplui hem. *"Het was jouw stem die ons droeg, niet de planken."*

Yitzchak schudde zijn hoofd: *"Nee. Het was de Hand van Hashem. Ik herinnerde jullie er alleen aan dat die er was."*

De Les voor Zijn Leerlingen

Die avond in de *cheder* vertelde Yitzchak zijn leerlingen: *"Het leven kent vele bruggen. Sommige stevig, andere broos. Meet hun kracht niet met je ogen, maar met je emuna. De rivier brult om te intimideren, maar Hashem draagt ons eroverheen."*

Jaren later, toen zijn leerlingen volwassen mannen waren, herinnerden zij zich het verhaal van hun leraar telkens als zij hun eigen oversteek moesten maken. En ook zij fluisterden: *"Hashem li, lo ira."*

Musar Reflectie

Hebreeuws:
.כל גשר בחיים נראה רעוע, אך מי שמביט ביד ה' ולא במים הזועפים – עובר בשלום

Vertaling:
Elke brug in het leven lijkt broos, maar wie kijkt naar de Hand van Hashem en niet naar de kolkende wateren — steekt veilig over.

Inzicht: Geloof doet het gebrul van de rivier niet zwijgen — het geeft ons de kracht om eroverheen te gaan.

The Battlefield

In 1914, as Europe burned in war, thousands of Jewish boys were conscripted into armies not their own. Among them was Moshe, a yeshiva student from a small shtetl in Lithuania. One day he was bent over a Gemara; the next, he carried a rifle, his *payos* shorn, his body wrapped in a uniform that felt more like exile than clothing.

The battlefield was chaos — mud, smoke, the roar of cannons. Fear stalked every trench. Many soldiers muttered curses, others clutched amulets. Moshe, trembling but resolute, carried a small Tehillim in his breast pocket.

The Psalm in the Trenches

On the eve of battle, his comrades teased him gently: *"Moshe, do you think your little book will stop a bullet?"*

He smiled faintly: *"No. But the One whose words it carries can."*

That night, by a stub of candle, he whispered Psalm 91: *"He who dwells in the secret place of the Most High shall rest in the shadow of the Almighty."* His voice threaded through the darkness, and even the skeptics fell silent, listening as if to a lullaby.

The Miracle

The next day, shells rained down. Men screamed; the earth shook. Moshe clutched his Tehillim, reciting verse after verse as the sky split with fire. Suddenly, a shell landed directly beside him — and did not explode.

His comrades stared in disbelief. *"Impossible,"* one gasped. *"That shell was a death sentence."*

Moshe touched his Tehillim, tears streaking the mud on his face. *"No,"* he whispered, *"it was a life sentence — written by Hashem."*

After the War

Moshe survived the battles and returned to his shtetl. He never called himself a hero. Instead, he taught children in *cheder*, showing them his worn Tehillim with the dent of the shell pressed into its cover. *"This is my medal,"* he would say. *"Faith is the shield that never rusts."*

Musar Reflection

Hebrew:
במקום שבו חרב ודם שולטים, האמונה מגלה כי החיים אינם בידי חייל או פגז אלא ביד ה'.
כל נשימה – מתנה.

Translation:
Where sword and blood rule, emunah reveals that life rests not in the hands of soldiers or shells, but in the hands of Hashem. Every breath is a gift.

Takeaway: True courage is not found in weapons, but in the faith that even in war, Hashem guards His children.

De Laatste Munt: Emuná in het Levensonderhoud (אמונה בפרנסה)

"פוֹתֵחַ אֶת יָדֶךָ וּמַשְׂבִּיעַ לְכָל חַי רָצוֹן."
„U opent Uw hand en verzadigt elk levend wezen naar zijn verlangen."
(Psalm 145:16)

De Laatste Kopeke

Reb Herschel, een marskramer uit Minsk, verkeerde in moeilijke tijden. De winter beet hard, en de handel was net zo bevroren als de rivieren. Op een ochtend keek hij in zijn zak en vond slechts één enkele munt — een kopeke. Zijn voorraadkast was leeg; zijn kinderen rilden in lompen.

Zijn vrouw keek hem aan met vermoeide ogen: *„Herschel, besteed het wijs. We hebben op z'n minst brood nodig."*

Herschel knikte. Maar in zijn hart woedde een strijd: *Deze munt is mijn laatste houvast. Moet ik mij eraan vastklampen — of hem loslaten in de hand van Hashem?*

De Beproeving van de Tsedaka-bus

Terwijl hij door de markt liep, passeerde hij de synagoge. Bij de deur stond een kleine houten *pushke*, de gleuf gladgesleten door generaties munten. Herschel bleef staan. De munt in zijn zak woog als ijzer.

Een stem binnenin riep: *Dwaas! Bewaar hem voor je kinderen.* Een andere fluisterde: *Vertrouw op Hashem. Wat je voor Zijn zaak geeft, gaat nooit verloren.*

Met bevende vingers liet hij de munt in de bus vallen. De holle *klink* weerklonk harder dan alle marktgeschreeuw. Zijn zak was leeg — maar zijn hart voelde wonderlijk licht.

De Verborgen Terugkeer

Diezelfde middag, terwijl Herschel naar huis strompelde, spatte een rijtuigwiel modder over zijn laarzen. De rijke koopman binnenin leunde naar buiten, verontschuldigend: *„Goede man, uw laarzen zijn bedorven! Kom morgen naar mijn winkel; ik zal u betalen voor nieuw leer en voor uw werk om mij een paar te maken."*

En zo geschiedde. De koopman huurde hem niet alleen voor dat ene paar, maar voor vaste arbeid. Binnen enkele weken was Herschels huis gevuld met voedsel, en de wangen van zijn kinderen gloeiden van gezondheid.

Toen zijn vrouw vroeg hoe de ommekeer begonnen was, wees hij naar de kleine *pushke* bij de synagoge.

De Les die bleef

Vanaf die dag zette Herschel een munt opzij van elke winst, hoe klein ook. Zijn kinderen leerden al vroeg: *Parnassa ligt niet in de munt die je vasthoudt, maar in de hand van Hashem.*

En in latere jaren, wanneer men het verhaal vertelde van hun vaders voorspoed, noemden ze nooit de koopman of de laarzen. Ze zeiden alleen: *„Het begon met de laatste munt, gegeven met emuná."*

Musar-Reflectie

Hebreeuws:

הפרנסה איננה מן הכיס אלא מן השמים. דווקא כאשר האדם נותן את המעט שיש לו, נפתחים שערי ברכה.

Vertaling:

Het levensonderhoud komt niet uit de zak, maar uit de hemel. Juist wanneer een mens geeft van het weinige dat hij bezit, openen zich de poorten van zegen.

Les: De sterkste emuná in parnassa blijkt niet wanneer we geven vanuit overvloed, maar wanneer we Hashem genoeg vertrouwen om te geven van onze allerlaatste munt.

De yesiva in Crisis

Het was een gespannen middag in Bnei Brak. Geruchten verspreidden zich snel dat de autoriteiten Bnei Jesjiva arresteerden omdat zij zich niet bij het leger meldden. Angst greep het Beis Midrasj.

De Rosj Jesjiva, diep geraakt door het gehuil van zijn studenten, besloot een gerespecteerde Rabbi en Dayan in New York te bellen: Rabbi David Zvi Vandewaald, bekend om zijn denktank en zijn vermogen om in tijden van crisis helderheid te bieden.

Zijn stem beefde toen hij in de hoorn sprak:

"Rabbi, wij beven hier in Bnei Brak. Het leger arresteert bochurim links en rechts. Wat moeten wij doen?"

Het Verrassende Advies van de Rabbi

Rabbi Vandewaald zweeg even nadenkend. Toen sprak hij met rustige zekerheid woorden die de Rosj Jesjiva bijna deden verstommen:

"Wel, geef hen wat ze willen. Ze willen Bnei Tora in het leger—dus geef hen Bnei Tora in het leger."

De Rosj Jesjiva was verbijsterd. "Rabbi, bedoelt u dat wij onze Batei Midrasj moeten verlaten, onze Tora, en onze bochurim naar het leger sturen?!"

Rabbi Vandewaald antwoordde zacht:

"Nee. Israël is niet gebouwd op tanks en vliegtuigen alleen. Israël is gebouwd op Nissim v'Niflaot—wonderen en tekenen. En de enige manier waarop de soldaten werkelijk zocheh zullen zijn om te winnen en hatzlacha te hebben, is door Tora."

Een Visie van Eenheid

Rabbi Vandewaald vervolgde:

"Voor de niet-religieuzen lijkt het oneerlijk. Zij zien jongens overdag door de straten lopen, soms zelfs met hun vrouwen in een restaurant om een jubileum te vieren, terwijl hun eigen zonen en dochters in uniform dienen. Dus het eerlijke is—geef hen wat ze willen.

Zeg hen: neem de hele jesjiva van Bnei Brak, met haar duizend jongens, en verplaats haar naar een legerbasis of een luchtmachthangar. Laat hen daar hun Tora-studies voortzetten. Laat hen een aangepast legeruniform dragen, misschien met symbolen van Tora erop. Zij zullen opstaan wanneer de soldaten opstaan, maar in plaats van oefeningen gaan zij naar het Beis Midrasj. Zij zullen bidden, leren, Tehillim zeggen. En zij zullen niet vertrekken tot de soldaten naar huis gaan."

Zijn stem werd krachtiger:

"Op deze manier heeft elke soldaat een leerpartner—een Ben Tora die geestelijk naast hem staat. De een marcheert met een geweer, de ander marcheert met een Gemara. De een vecht op het slagveld, de ander op het slagveld van Tora. Dit is de ware Jissachar–Zevulun samenwerking."

De Standaarden Verhogen

"Wie weet?" voegde de Rabbi toe. "Misschien zullen hierdoor zelfs de standaarden in het leger stijgen. Met bochurim in de kampen zullen de keukens misschien kosjerder worden, mashgichiem worden aangesteld, en de sfeer zelf kan veranderen.

Tenslotte gebiedt de Tora zelf zelfverdediging. Habba b'machteres—harehoe rodef. Wie een tunnel graaft om je huis binnen te komen is een vervolger, en het is een mitswa hem te stoppen. Dit is geen verlaten van Tora—het is juist de Tora die ons opdraagt Am Jisraël te verdedigen."

Een Nieuwe Vrede van Binnenuit

En zo werden brieven opgesteld aan het leger. Langzaam begon de spanning tussen religieuzen en niet-religieuzen te verzachten.

Drie maanden later werd een volledig Beis Midrasj overgebracht naar een militaire basis. Het gezicht was onvergetelijk. Zij aan zij marcheerden soldaten in uniform met wapens—terwijl anderen, ook in uniform, marcheerden met Gemarot.

Het interne conflict in Israël verstomde. Er was geen beschuldiging meer van de een naar de ander. Beiden waren aanwezig in de legerkampen. Beiden dienden Am Jisraël.

En toen de gevechten kwamen—uit Gaza, van vijanden daarbuiten—werd het wonder duidelijk. Tora en wapen samen brachten de overwinning.

De Hoop van de Rabbi

Toen Rabbi Vandewaald het nieuws hoorde, zei hij zacht tegen de Rosj Jesjiva:

"Moge wij zocheh zijn om spoedig de komst van de Masjiach te zien. Want alleen wanneer Tora en eenheid samen staan, zal Israël werkelijk in vrede leven."

En zo marcheerde een basis gevuld met Tora trots in uniform—Gemara in de hand, lippen fluisterend Tehillim—een levend getuigenis dat de kracht van Am Jisraël ligt in zowel geloof als daad, samen als één.

De Cheque Die Niet Stuiterde

"הַבּוֹטֵחַ בַּה' חֶסֶד יְסוֹבְבֶנּוּ."

"Wie op Hashem vertrouwt, zal omringd worden door goedheid." (Tehillim 32:10)

De Strijd

Moshe Klein zat aan de keukentafel in Boro Park. Het licht boven hem zoemde zacht, terwijl een stapel onbetaalde rekeningen zich voor hem uitstrekten als vijandige troepen. Over twee dagen moest de huur betaald worden. Brieven van drie verschillende jesjiva's—elk een herinnering aan het lesgeld—lagen samengebonden in een dreigende stapel. Bovenop lag de envelop van het elektriciteitsbedrijf, in rood gestempeld: **Laatste Aanmaning**.

Hij wreef over zijn voorhoofd en fluisterde:
—Ribono Shel Olam, ik weet niet meer hoe ik dit vol moet houden.

Al maanden bloedde zijn kleine ijzerhandel langzaam leeg. Eerst kwamen de grote ketens naar de buurt, daarna overstroomde een storm zijn keldervoorraad. De verzekering betaalde nauwelijks iets uit. Elke nacht ging hij naar bed met getallen die door zijn hoofd maalden; elke ochtend werd hij wakker met dezelfde knoop in zijn maag.

Die avond was het nog erger. Hij had net een cheque uitgeschreven aan zijn huisbaas, terwijl hij wist dat er niet genoeg geld op de rekening stond. Tenzij er een wonder gebeurde, zou de cheque stuiteren—en daarmee het laatste restje van zijn waardigheid.

De Wanhoop

Zijn vrouw, Rivka, schoof zachtjes de keuken binnen en zette een dampende beker thee naast zijn elleboog.

—Moshe, zei ze teder, je zegt altijd tegen de kinderen: *Gam zu l'tovah*—ook dit is ten goede. Geloof je dat nog steeds?

Hij wilde knikken, maar verborg zijn gezicht in zijn handen.
—Ik geloof het... maar ik zie het niet. Ik voel dat ik iedereen teleurstel.

Ze kneep bemoedigend in zijn schouder.
—Je stelt niemand teleur. Je wordt getest. Dat is iets heel anders.

Nadat ze naar bed was gegaan, bleef Moshe nog lang aan tafel zitten. De klok tikte voorbij middernacht. Rond één uur sloeg hij zijn Tehillim open. Zijn ogen vielen op het vers:

"השלך על ה' יהבך והוא יכלכלך" — *"Werp je last op Hashem, en Hij zal je onderhouden."*

Hij las het opnieuw en opnieuw, totdat de woorden veranderden van inkt in balsem voor zijn hart.

Hij fluisterde:
—Hashem, ik zie geen enkele berekening die klopt, geen getal dat uitkomt. Maar ik leg de last in Uw handen. Als U wilt dat ik overleef, zal ik overleven. En als niet, dan noem ik U nog steeds goed.

Met die overgave sloot hij eindelijk zijn ogen.

Het Keerpunt

De volgende ochtend sleepte hij zich naar de winkel. De schappen leken leeg, de muren grauw. Hij stapelde dozen met spijkers op, alleen maar om bezig te lijken. Om tien uur kwam er een lange man in pak binnen, een map onder zijn arm.

—Bent u Moshe Klein?

Moshe verstijfde.
—Ja.

De man glimlachte vriendelijk.
—Ik werk bij een bouwbedrijf in het noorden. We renoveren een oud internaat. We hebben grote hoeveelheden bouwmateriaal nodig: scharnieren, sloten, schroeven, verfbenodigdheden. Uw naam werd ons doorgegeven door iemand die zei dat u eerlijk bent.

Moshe knipperde ongelovig.
—Bulk...?

De man bladerde door de papieren in zijn map.
—We willen vandaag een rekening openen. De schatting is dertigduizend dollar.

Moshe's knieën zakten bijna weg. Hij stamelde:
—Wij... wij kunnen dat regelen.

Diezelfde middag werd de bestelling geplaatst en de aanbetaling overgemaakt. Moshe belde onmiddellijk de bank: de cheque aan de huisbaas zou worden gedekt. En niet alleen die—ook de elektriciteitsrekening.

Het Gevolg

Die avond stond Moshe weer aan dezelfde keukentafel. De rekeningen lagen er nog steeds, maar nu lag er tussenin ook een stortingsbewijs—een klein vaandel van hoop. Hij pakte Rivka's hand en fluisterde:
—Je had gelijk. De beproeving ging niet om de cijfers, maar om vol te houden tot het licht doorbrak.

Rivka glimlachte.
—Het is altijd het donkerst vlak voor Shacharit.

Overdenking

Wanhoop is verleidelijk. Het fluistert dat we alleen zijn, verlaten. Maar *emunah* gaat er niet om dat we de redding van tevoren zien; het gaat erom dat we vertrouwen dat Degene die ons tot nu toe gedragen heeft, ons nu niet laat vallen.

De cheque stuiterde niet—niet omdat de cijfers magisch veranderden, maar omdat Hashem al een plan had klaarliggen, wachtend op het moment dat Moshe vertrouwen koos boven wanhoop.

Bronvermelding

Hebreeuws:

"הַבּוֹטֵחַ בַּה' חֶסֶד יְסוֹבְבֶנּוּ." (Tehillim 32:10)

Vertaling:

"Wie op Hashem vertrouwt, zal omringd worden door goedheid." (Tehillim 32:10)

Het Lied in de Ziekenhuiskamer

"Dien Hashem met vreugde."
(Tehillim 100:2)

De Situatie

De winter had Brooklyn in een meedogenloze greep genomen. De wind huilde door de avenues, deed ramen trillen en joeg een vochtige kilte in elke hoek. In een ziekenhuiszaal, waar een lichte geur van ontsmettingsmiddel en gedempte wanhoop hing, lag Reb Shlomo in een bed bij het raam. Longontsteking had zijn longen verzwakt, en het infuus in zijn arm leek zijn geest net zozeer leeg te trekken als dat het zijn aderen vulde.

Decennialang stond hij bekend als de **ba'al niggun** van de buurt — de man die een vermoeid bruiloftspubliek kon optillen met een meeslepende melodie, de man die elke sjabbostafel verwarmde met zijn zemirot. Zijn stem was niet zomaar geluid; het was herinnering, toewijding, gebed en vreugde, alles samen verweven. Nu, onder het felle licht van tl-buizen, voelde hij zich beroofd van dat geschenk.

Zijn kinderen kwamen in ploegen, ieder probeerde de angst in hun ogen te verbergen. Ze schikten dekens, spraken bemoedigende woorden en glimlachten alsof glimlachen de ziekte kon verdrijven. Op een avond, toen de kamer stil was en de schaduwen lang over de muur vielen, fluisterde hij tegen zijn dochter: "Ik heb geen kracht meer. Zelfs daven voelt als het beklimmen van een berg waarvan ik de top niet kan zien."

Ze pakte zijn hand vast, dwong een glimlach, terwijl tranen in haar ogen opwelden. Voor haar voelde deze bekentenis zwaarder dan de machines die om hem heen piepten. De man van zang — tot zwijgen gebracht.

De Strijd

Toen de lichten in de gang doofden en de voetstappen wegstierven, drukte de stilte zwaar. Shlomo staarde naar de plastic slangen die hem aan de machines bonden. Zijn gedachten werden donker. *Misschien is mijn tijd voorbij,* dacht hij. *Wat is het nut van een stem die niet kan zingen?*

Wanhoop — sluw en overtuigend — fluisterde hem toe: *Waarom vechten? Rust nu. De wereld redt zich wel zonder jouw melodie.*

Maar diep in zijn geheugen klonk een ander geluid. Hij hoorde opnieuw de woorden van zijn rebbi, lang geleden:
"Simcha is geen luxe; het is avodah. Vreugde is niet het bijproduct van een gemakkelijk leven. Het is juist de kracht die het leven draaglijk maakt, die pijn omzet in kracht."

De woorden zweefden als zachte muziek, en spoorden hem aan om niet met medicijnen of spieren te strijden, maar met zang.

Het Keerpunt

Hij sloot zijn ogen en zocht naar binnen. Eerst kwam er slechts een zwak gehum, broos en gebroken, bijna als het snikken van een kind. Maar terwijl zijn lippen trilden, kreeg het gehum vorm, veranderde het in een melodie uit zijn jeugd:
"Kol ha'olam kulo, gesher tzar me'od — de hele wereld is slechts een smalle brug, en het belangrijkste is om helemaal niet bang te zijn."

De noten kraakten, het ritme haperde, maar het geluid was onmiskenbaar. Een verpleegkundige die langs de deur liep, bleef staan. Zijn dochter, die stilletjes terugkwam met een beker thee, verstijfde. Haar ogen werden groot — ze had niet verwacht de stem van haar vader weer in zang te horen opstijgen.

Hij wenkte zwak met zijn hand. "Zing met me," fluisterde hij.

Haar stem was in het begin wankel, aarzelend. Toen werd hij sterker, en ondersteunde de zijne. De verpleegkundige, die de woorden niet kende, voegde zich toch bij de melodie. Langzaam vulde de kleine, steriele kamer zich met harmonie — broos, onvolmaakt, maar stralend in zijn verzet tegen wanhoop.

Het Gevolg

Tegen Sjabbos was het verhaal al verspreid. Vrienden, buren en zelfs patiënten uit andere afdelingen kwamen zijn kamer binnen. Ze verzamelden zich rond zijn bed en zongen zemirot. De witte muren leken licht terug te kaatsen. Artsen schudden hun hoofd, verbaasd over wat ze "verbeterde moraal" noemden, al wisten de aanwezigen dat het meer was dan moraal — het was de geest die het lichaam opnieuw de baas werd.

Een week later werd zijn ademhaling rustiger. De infectie liet los. De ontslagpapieren werden getekend en Reb Shlomo keerde terug naar huis, magerder, zwakker — maar stralend. Die eerste Sjabbos thuis vulden zijn buren de eetkamer. Toen hij Birkat Hamazon leidde, stroomden tranen over zijn gezicht.
"De wanhoop had me bijna gevangen," bekende hij achteraf. "Maar vreugde — zelfs gebroken, gefluisterde vreugde — joeg haar weg. Hashem verlangt geen perfecte stemmen; Hij zoekt harten die nog steeds willen zingen."

Overdenking

Verdriet is een dief; het rooft het leven zijn kleur. Vreugde is geen naïeve ontkenning van lijden, maar een heilig verzet ertegen — de verklaring dat Hashem, ook midden in zwakte, onze melodie blijft.

Zoals de Rambam schrijft (Hilchot Lulav 8:15):
"De vreugde die men voelt in het dienen van Hashem is een grootse en verheven vorm van avodah."

En zo, in een ziekenhuiskamer die ooit enkel naar ontsmettingsmiddel en verlies rook, steeg een gebroken melodie op. Het was niet gepolijst, niet sterk, maar het droeg eeuwigheid in zich — bewijs dat zelfs aan de rand van de stilte, een lied geboren kan worden.

De Gesloten Winkel: Geloof en Sjabbos

"Zes dagen zal er werk verricht worden, maar de zevende dag is een Sjabbat."
(Sjemot 35:2)

Het Dilemma van de Koopman

In de bruisende stad Odessa bulderde de handel voort op Sjabbos. Schepen losten hun vracht al op vrijdagavond, en tegen zaterdagochtend waren de markten vol leven. Kooplieden sloegen hun winkels open, gretig om stoffen, voedsel en waren te verkopen aan de zeelieden, voordat hun lonen in de kroegen verdwenen.

Yaakov, een eenvoudige stoffenhandelaar, voelde de steek van verleiding diep in zijn hart. Zijn winkel was klein, zijn kinderen droegen herstelde en opgelapte kleren, en zijn vrouw rekte elke kopeke om het huishouden draaiende te houden. Meer dan eens fluisterde een buurman hem in het voorbijgaan toe:
— *"Yaakov, als je alleen op Sjabbos zou openen, zou je binnen een jaar een rijk man zijn."*

Elke Sjabbos stond hij voor dezelfde beproeving: buiten klonk het rumoer van de straat, de roep om te onderhandelen, het rinkelen van munten die van hand wisselden. En binnen — gesloten luiken, brandende kaarsen, de zachte stemmen van zijn kinderen die **Sjolem Aleichem** zongen.

Toch knaagde er midden in die heiligheid een moeilijke gedachte: *Ontneem ik mijn kinderen geen brood? Is mijn geloof niet gewoon dwaasheid?*

De Beproeving

Op een Sjabbosmiddag, terwijl het gezin hun zemirot zong, dreunde een hard bonzen op de deur. Een buitenlandse handelaar stond daar, met een zware

beurs aan zijn zijde.
— *"Ik heb dringend stof nodig!"* riep hij. *"Ik betaal u het dubbele van uw prijs."*

Yaakov schudde zijn hoofd.
— *"Vandaag is Sjabbos. Ik kan niet verkopen."*

— *"Dan het drievoudige!"* drong de handelaar aan.

Yaakov legde zijn hand stevig op de schouder van zijn zoon en sprak met vaste stem:
— *"Niet voor al het goud van Odessa."*

De handelaar vloekte en stormde weg. Yaakov's kinderen staarden hem met grote ogen aan. Het gezicht van zijn vrouw verbleekte, maar in haar ogen glansde stille trots.

De Beloning van Geloof

De week erop keerde dezelfde handelaar terug — dit keer op een doordeweekse dag.
— *"Ik ben naar anderen gegaan,"* gaf hij toe, *"maar hun stof was slecht. De jouwe heeft een reputatie. Ik koop je hele voorraad."*

Het nieuws verspreidde zich snel door Odessa: Yaakov was de koopman die niet op Sjabbos verkocht. Zijn stof was uitstekend, ja — maar nog meer dan dat, zijn geloof was hem meer waard dan fortuin. Klanten stroomden naar zijn winkel, sommigen voor de waren, anderen gewoon om te handelen met een man wiens woord sterker was dan winst.

En zo groeide zijn levensonderhoud — niet ondanks Sjabbos, maar juist **dankzij Sjabbos**.

De Nalatenschap

Jaren later, toen de kinderen van Yaakov hun eigen beproevingen onder ogen zagen, herinnerden zij zich die gesloten winkel op Sjabbos. Ze herinnerden zich de honger die soms knaagde, maar ook de vrede die hun huis vulde. En bovenal herinnerden ze zich hoe geloof — al bespotte de wereld het als dwaasheid — de bron werd van zegen voor hun familie.

Musar Overdenking

Hebreeuws:

האמונה נבחנת דווקא במקום שבו נראה ההפסד לעין. מי שסוגר את חנותו לשבת מגלה שהפרנסה איננה בידיו — אלא ביד ה'.

Vertaling:

Geloof wordt juist getest op de plek waar verlies het meest zichtbaar lijkt. Wie zijn winkel sluit voor Sjabbos, ontdekt dat de parnassa niet in zijn handen ligt — maar in die van Hashem.

Levensles: Waarachtig geloof wordt niet met woorden verkondigd, maar in daden geleefd — in keuzes die comfort opofferen ten bate van de waarheid.

Over de Auteur

Rav Dovied Zwi van der Velde werd geboren en groeide op in Holland. De straten waren netjes, de luchten vaak blauw—tenzij het regende. Maar Joods leven moest, zeker na de verwoesting van de Tweede Wereldoorlog waarin zoveel Nederlandse Joden bijna hun hele familie verloren, vaak opnieuw worden opgebouwd.

Jeugd en vorming

Omdat de plaatselijke Joodse school niet religieus was, bezocht hij altijd niet-Joodse scholen. Dat betekende dat hij "de Joodse jongen" was in de klas—dagelijks bespot, vaak ook geslagen. Toch droeg hij zijn Joods-zijn niet stilletjes, maar koppig en zichtbaar.

Shiurim waren schaars en leraren nog schaarser. Zijn ouders—die verantwoordelijkheid hoog in het vaandel droegen—gaven hem mee: *"leer het zelf uit te zoeken."* Dat werd zijn geschenk. Met weinig structuur leerde hij een sefer open te slaan, te worstelen, opnieuw te proberen. Hij studeerde in korte, intense uitbarstingen—wat men tegenwoordig ADD zou noemen. Zo maakte hij zijn schooltijd sneller af dan verwacht, niet omdat de weg glad was, maar omdat hij leerde de weg te berijden die hem gegeven was.

Vriendschap en groei

Hij liep die weg niet alleen. Een kleine kring vrienden accepteerde hem zoals hij was, ondanks dat hij soms "een handvol" was. Ze leerden, lachten en groeiden samen. *"Dank dat jullie gebleven zijn,"* zegt hij zelf, *"ik zal jullie altijd liefhebben voor het meedragen van mijn reis."*

Zijn vele rollen

Vandaag draagt Rav van der Velde vele hoeden maar één hart: makelaar, verzekeringsmakelaar, rabbi, levenslange student, echtgenoot, vader en grootvader. Hij is vaak "daar" voor wie geen eigen tafel heeft—mensen die een plek nodig hebben om te zitten, te eten, gehoord te worden en ergens bij te horen.

Hij coacht individuen en families die proberen meer *shalom*, structuur en *emunah* te brengen in het dagelijks leven. Hij leidt Home Safe Home Inc. in Lakewood, New Jersey—gewijd aan praktisch *chesed*: mensen die dakloos zijn helpen veiligheid en waardigheid te vinden; naast "speciale mensen" en hun families staan (zie zijn eerdere boek *Amazing People*).

Hij ontwikkelde programma's om *speciale mensen* beter te matchen en werkt nu aan twee ambitieuze gemeenschapsprojecten: Special People Village en Alzheimer's Village—warme, mensgerichte omgevingen die elke ziel eerbiedigen.

Stem en missie

Uit deze reizen groeide de stem die men hoort in *Rediscovering Emuna*:

- zacht, omdat hij weet hoe gemakkelijk een woord kan kwetsen;
- praktisch, omdat vage inspiratie woensdagmiddag niet overleeft;
- trouw aan Chazal, omdat hij iets nodig had dat standhield wanneer de grond bewoog.

Zijn schrijven is voor families die samen willen terugkeren naar Hashem—zonder ultimatums of schaamte; voor ouders en kinderen die een tafel zoeken waar iedereen thuishoort en niemand buitengesloten wordt.

Slotboodschap

Als dit sefer je helpt zelfs één stap te zetten—een kaars extra aan te steken, een waarachtiger woord te spreken, een zachtere uitnodiging te doen—dan vraagt Rav van der Velde slechts dat je die vriendelijkheid doorgeeft.

Moge Hashem elke lezer zegenen met een open hart, een stevig thuis en de vreugde van generaties die samen wandelen op de weg terug naar Hem.

www.ingramcontent.com/pod-product-compliance
Lightning Source LLC
Chambersburg PA
CBHW080451100526
44581CB00003B/102